KB099042

처음 재테크

권영수 지음
신한금융투자 감수

처음

재테크

주식 투자부터

자산 배분까지

이콘

추천사

제가 주식을 처음 접한 것은 국민주 보급의 바람이 몰아치던 1987년입니다. 그 당시 '재테크'와 '주식 투자'라는 단어조차 모르시던 공무원 아버지께서 국민주 청약을 위한 심부름을 시키셨던 게 그 시작이었습니다. 그런데 지금 돌이켜보니 그 당시 찾아갔던 회사가 지금 제가 몸담고 있는 신한금융투자의 전신인 쌍용투자증권이었습니다. 저는 오래전 신한금융투자의 어린 고객이었습니다.

그로부터 30여 년이 지난 2020년에 들어서 대한민국의 금융투자 시장의 지평에는 혁명적 변화가 일어나고 있습니다. 개인투자자가 지식과 분석력이라는 창과 방패로 무장하고 투자 시장의 주체로 나선 것입니다. 유튜브를 통해 전해지는 깊이 있는 정보를 소화하고 국내와 해외시장을 넘나드는 새로운 전문 투자자 집단으로 등장했습니다. 그리고 그 최전선에 MZ세대가 있습니다.

MZ세대가 금융투자 시장에 뛰어드는 모습의 이면에는 초저금리와 자산 가격 상승에 따른 '사다리의 상실'이라는 가혹한 현실이 있습니다. 그중 일부는 좌절과 상실이라는 현실에서 조금 더 일찍 눈을 뜨고 누구보다 절박하게 금융투자에 대한 지식과 경험을 쌓아 나가고 성공의 신화를 만들어 나가고 있습니다. 지난 30여 년간 금융투자자 교육이라는 숙제를 해결하지 못해 전전긍긍했지만, 때로는 절박함이 좋은 스승이 되어주는 것 같습니다.

하지만 안타깝게도, 아직도 많은 젊은 투자자들은 '금융투자'와 '머니 게임' 사이를 오가며 과도한 레버리지와 도박에 가까운 투기로 성장의 사다리를 만들어 가기보다는 장대 높이 뛰기와 외줄타기를 시도하고 있습니다. 금융투자 시장에서 스노볼 효과를 누리며 성공적인 선순환으로 나아가기 위해서는 귀동냥 지식이나 순간 발휘되는 동물적 감각이 아닌, 탄탄한 기본기가 필요함을 절실히 느끼게 됩니다.

주식 가격을 평가하거나 금리의 메커니즘을 이해하

는 것은 물론이고 과세제도, 투자상품 그리고 투자 관련 제도와 법규 등 투자를 에워싸고 있는 환경을 폭넓게 이해하는 것이 필요합니다. 생애설계를 통한 투자 접근을 이해하고, 글로벌 자산배분이라는 시각을 갖는 것도 요구됩니다.

2021년에 중개형 ISA가 도입되면서 이제 20세를 넘어 성인이 된 제 두 아이가 그동안 은행에 모아 왔던 얼마의 자금으로 ISA계좌를 개설했습니다. 일단은 ISA가 무엇인지 설명하는 것부터 갑갑한 일이었고 어디 가서 계좌를 개설하는지 모바일 앱은 어떻게 이용하는지 솔직히 조금은 피곤한 일이었습니다. 그런데 그다음 질문에 말문이 막혔습니다.

"아빠, 그런데 이제부터 뭘 해야 돼요?" 30여 년을 금융투자 시장에 일하며 나름 전문가가 된 제가 우리 아이들의 질문에 당황해서, 횡설수설하기 시작했습니다.

어떻게 하면 아이들에게 잘 설명해 줄 수 있을지 고민하던 차에, 이 책을 접하게 되었고 이 책이야말로 금융투자 시장에 첫발을 내딛는 젊은 세대를 위한 교과서라는 생각이 들었습니다. 서점에 가면 투자 관련 서적은 충분히 많습니다. 유튜브만 검색해 봐도 너무 훌륭한 정보와 지식이 홍수를 이루고 있습니다. 그러나 정작, 사회의 초년생이나, 금융투자를 처음 접하고 고민하는 세대를 위해 그들의 시각에서 꼭 알아야 될 내용들을 정리한 책은 많지 않습니다. 저는 커가는 우리 아이들에게 이 책을 꼭 사주고 읽게 할 생각입니다.

이 책에서는 처음 투자할 때 마음가짐과 알아야 하는 지식, 그리고 무엇보다 인생 계획과 은퇴까지 고려한 설명이 친절하게 담겨 있습니다. 내용이 많지만 끝까지 읽고 나면, 재무목표를 달성하는데 10년을 아낄 수 있으리라 생각합니다. 저자는 20~30대 독자를 염두에 두고 책을 썼지만, 100세 시대인 만큼 40~50대 독자에게도 충분히 도움이 될 수 있으리라 생각합니다. 『처음 재테크』는 건전한 투자뿐만 아니라 인생을 설계하는 데 큰 도움이 되리라고 자신합니다.

신한금융투자 IPS그룹장 이병열 전무

차례

머리말

"피할 수 있는 사망 38% 줄었다."

혹시 '피할 수 있는 사망'이라는 표현을 들어 보셨나요? 이는 의학용어로, 사망자 중에 예방 가능한 사망과 치료 가능한 사망자를 나타냅니다. 그래서 '피할 수 있는 사망자가 줄어들었다'는 것은 예방 및 치료가 더 잘 이루어져, 국가 의료 체계가 발전하고 있음을 뜻하지요. 2009년 삼성서울병원에서 과거 20년 치 데이터를 분석한 결과 우리나라의 피할 수 있는 사망자 수가 38% 줄었다고 합니다. 2014년 질병관리본부에서 발표한 자료에도 피할 수 있는 사망률이 2000년 대비 약 11.2% 감소했다고 나와있습니다.

우리나라는 몇십 년 사이에 의료뿐만 아니라 경제, 군사, 각종 산업, 기술 등 수많은 분야에서 눈부신 성과를 거두었습니다. 그러나 안타깝게도 우리나라의 금융 이해력만은 여전히 하위권에 머물러 있습니다.

2015년 신용평가사인 S&P Global에서 143개국 115만 명을 대상으로 금융 이해력을 조사했습니다. 다음과 같은 4가지 질문을 했는데요, 여러분도 맞춰보세요.

1) 당신이 투자를 한다면, 하나의 산업에 투자를 하는 것과, 여러 산업에 분산해 투자하는 것 중 어느 것이 더 좋을까?

a) 여러 산업   b) 하나의 산업

2) 앞으로 10년 동안 물가가 2배 오르고, 당신의 소득도 2배 오른다면, 10년 뒤 당신이 살 수 있는 물품의 가치는 현재와 비교할 때 어떻게 변하게 될까?

a) 현재와 같다   b) 더 많이 살 수 있다

c) 더 적게 살 수 있다

3) 100달러를 빌린 후 갚는다고 했을 때, 105달러로 갚는 것과, 3% 이자로 갚는 것 중 어느 것이 부담될까?

a) 105달러   b) 100달러+3% 이자

4) 100달러를 연 10%의 이자를 주는 예금에 넣는다면, 5년 뒤 찾을 수 있는 예금의 금액은 얼마일까?

a) 150달러 이상   b) 150달러

c) 150달러 이하

다 풀어 보셨을까요? 정답은 모두 a)입니다. 이 질문들은 각각 위험분산, 인플레이션, 금리, 복리의 개념을 묻고 있습니다. 이 조사에서 우리나라는 143개국 중 77위를 기록했습니다. 참고로 76위는 우간다입니다. 왜 이런 결과가 나왔을까요?

개인적인 생각입니다만, 유교 문화의 영향이 아닌가 싶습니다. 지금 생각해 보면 과연 제가 학교에서 '돈'이나 '성'에 대한 교육을 제대로 받은 적이 있나 의문이 듭니다. 금융에 대한 교육뿐만 아니라, 아르바이트를 시작할 때 단기근로계약서 작성하는 법, 근로자로서의 권리, 주택청약 권리, 변호사 선임하는 방법, 의료보험, 창업지

원금 신청 방법, 국민연금 납입금액과 수령금액 등 인생을 살아가면서 필요한 실용적인 지식을 가르쳐주면 좋았을 것 같습니다.

그래서 저는 이 책을 고등학교 금융 교과서로 준비하는 마음으로 썼습니다. 복잡한 경제학 이론이 아니라 인생을 살아가는데 필요한 금융 지식과 상식으로 채웠습니다. 이 책을 읽은 여러분들에게 다음과 같은 일들이 일어나길 바랍니다.

피할 수 있는 노후빈곤 38% 줄었다.
피할 수 있는 투자실패 50% 줄었다.
피할 수 있는 '몰빵' 투자 70% 줄었다.

그동안 지인들로부터 '내가 월급 관리를 제대로 하고 걸까?' '재테크를 시작해야 하겠는데 어떻게, 무엇을 해야 할지 모르겠다' 등의 고민과 질문을 많이 받아왔습니다. 그들에게 해주었던 상담 내용을 생각하면서 이 책을 썼습니다. 또한 친구들이 은행 및 증권사 상담원에게 물어보기 부담스럽거나 누구에게 물어봐야 할지 몰라서 저에게 문의했던 궁금증들도 최대한 담았습니다.

저는 이 책을 통해 투자의 세계에서 본인을 파악한다는 것이 무엇인지, 그리고 왜 투자 활동을 해야 하는지 설명하고자 합니다. 독자 여러분께서 인생의 큰 그림을 보시고, 투자, 자산관리, 재테크, 노후 자금 마련하는 데 도움이 되었으면 좋겠습니다.

이 책이 조금이라도 스스로 투자 계획을 세우고 점검하는 데 도움이 된다면, 저에게 그것만큼의 큰 보람은 없을 것입니다. 여러분이 행복한 삶을 누릴 수 있는 투자 방법을 찾고 성공적으로 투자 활동하시기를 진심으로 기원합니다.

아울러 이 책 작성에 많은 도움을 주신 WM솔루션부 진재만 세무사님, 포트폴리오 전략부 백승훈 주임님, 그리고 삼일회계법인 이기명 회계사님, NH선물 박부건 팀장님께 이 자리를 빌려 감사의 말씀을 드립니다. 또한, 이 책이 출판되기까지 많은 지원을 주신 디지털전략본부 이인영 대리님과 이예지 주임님, 그리고 이콘출판사에게도 감사의 말씀을 전합니다.

감사합니다.

1장

재테크란
무엇일까요?

민규 형, 나 이제 회사 생활도 어느 정도 적응했고, 미래를 위해
서 재테크를 제대로 하고 싶은데, 뭘 어떻게 해야 할지 감이
안 오네.

영수 적금은 하고 있지? 주식, 펀드 투자는 해봤어?

민규 적금은 매달 꾸준히 하고 있지. 근데 금리가 너무 낮아서 다
른 걸 해야 할 거 같아. 형 회사에서 펀드 담당하지 않아? 괜
찮은 펀드 좀 추천해 줘.

영수 "괜찮은" 펀드? 너무 어려운 질문인데… 마이너스 나도 되
니? 얼마나 투자할 거야?

민규 일단 다음 달에 적금 만기거든. 이자 나오는 거는 용돈으로 쓰고, 원금 600만 원은 전부 투자할 거야. 투자니까 당연히 마이너스 날 수는 있다고 생각하는데… 그래도 웬만하면 플러스 수익 나야지. 그래서 전문가한테 물어보는 거 아냐?

영수 …

민규 아니, 왜?

영수 그게 아니라, 질문이 잘못됐잖아… 어디서부터 시작해야 할지 난감하네… 오늘 하루 만에 끝낼 수 있는 이야기가 아니라서 말이야.

민규 잘 됐네! 금융인 덕 좀 보자! 고기 잡아서 주지 말고, 고기를 잡는 방법을 알려줘!

금융회사에서 근무하다 보니, 종종 지인들에게 상담 요청을 받곤 합니다. 사실 상담이라기보다는 주식 종목 추천을 원하는 분들이 더 많습니다. 충분히 이해합니다. 제가 금융업에 종사하니, 일반 개인투자자들이 접근할 수 없는 정보를 공유 받을 수 있지 않을까, 막연한 기대감도 작용하는 것 같습니다.

그러나 이것은 잘못된 접근이고, 이런 질문을 받으면, 안타까운 마음이 듭니다. 투자의 출발점은 종목을 찾는 것이 아니라 본인의 상황과 투자유형을 파악하는 것입니다. 자신의 성향에 맞게 계획과 큰 그림을 그려야 하는데, 단순히 수익률을 기준으로 접근하다 보니 종목 위주로 물어보거나 투자 계획을 세우지 않고 무작정 뛰어들곤 합니다. 옆에서 지켜보면 마치 준비 운동 없이 마라톤을 뛰려는 것 같습니다.

좀 뻔한 이야기를 하겠습니다. 나를 알고 적을 알아야 전쟁에서 이긴다고 했습니다. 투자도 마찬가지입니다. 투자하기에 앞서 자신의 재산 현황, 요구수익률, 수입, 재무목표, 부양가족, 투자성향 등과 같이 토대로 계획이 있어야 합니다. 자신의 재무 상태를 잘 파악한 후에 그에 알맞는 전략이나 금융상품을 찾으면 됩니다. 그러나 제 주변에 실제로 그렇게 하는 사람은 많지 않습니다.

노트북을 구매하려는 상황으로 비유를 들어보겠습니다. 저는 컴퓨터에 대해 잘 알지 못하니 전문가인 매장 직원의 도움이 필요합니다. 매장 직원에게 '좋은' 노트북을 추천해 달라고 한다면, 직원은 저에게 예산이 얼마인지, 노트북 용도가 어떻게 되는지, 게임을 할 것인지, 간단한 고장 같은 것은 스스로 고칠 능력이 되는지(A/S 수요) 등을 물어보고 한참을 고민한 끝에 저에게 알맞은 노트북을 몇 개를 추천해 줄 것입니다. 만약 매장직원이 저에게 관심을 가지지 않고, 고객을 파악하는 질문 없이 그저 최신 노트북 몇 개를 추천해 준다면, 과연 저에게 알맞은 노트북을 찾아줄 수 있을까요? 나아가 저는 그 매장 직원을 신뢰할 수 있을까요?

투자도 마찬가지입니다. 나의 수입, 지출, 자산, 재무목표 등을 고려한 후에 알맞은 투자 방법 또는 상품을 찾아야 하지 않겠어요?

대한민국 김평균씨의 삶

대한민국에 사는 가상의 인물 김평균씨의 삶을 들여다보 겠습니다. 2020년 인크루트 데이터와 통계청의 데이터를 참고했습니다. 김평균씨는 30살에 취직에 성공하고 3년 뒤인 33살에 결혼하는 아주 평균적인 사람입니다. 첫째 는 김평균씨가 35살에, 둘째는 37살에 낳는다고 가정합 시다. 55살에 직장에서 은퇴할 예정이고 90살이면 이 세 상을 떠나는 것이 김평균씨의 삶입니다.

그렇다면 김평균씨는 평생 동안 얼마나 벌까요? 중소기업에서 시작한다면 김평균씨는 사원 때는 연 봉 2,560만원 정도로 시작할 것입니다. 대리가 되면 3,430만 원, 과장이 되면 4,160만 원을 받을 것이고 차장이 되면 5,090만 원, 부장이 되면 6,440만 원을 받을 것입니다. 이것이 4년 전 자료임을 고려해 10%씩 더 추가한다면, 사원 때 2,810만 원, 주임 때 3,170만 원, 대리 때 3,773만 원, 과장 때 4,576만 원 차장 때 5,599만 원, 그리고 부장 때 7,080만 원을 받을 것입니다.

가구마다, 개인마다 사정이 다르기 때문에 월 생활비 책정은 논란의 여지가 있을 수 있으나, 인크루트 연봉 데이터를 참고하면 외벌이 가정인 김평균씨 가정의 월 지출은 다음과 같이 적용할 수 있습니다.

상황	지출 금액(단위: 만 원)
싱글	연 1,200(월 100)
부부	연 2,160(월 180)
부부와 자녀 한 명	연 2,760(월 230)
부부와 자녀 두 명	연 3,000(월 250)
자녀 초등학교 입학 후	연 5,000(월 416)
자녀 중학교 입학 후	연 5,500(월 460)
은퇴 후 부부	연 3,000(월 250)

외벌이 가정의 월 지출 추정액

결혼, 자녀의 대학 입학 등 돈이 많이 나갈 일들도 있을 것입니다. 이때의 비용도 고려해야 합니다.

내용	비용
결혼 비용 (주택 비용은 제외)	6,000만 원
국민연금	61세 수령, 월 92만 원
자녀 대학등록금	인당 연 800만 원+용돈 월 30만 원
인플레이션	연 1.5%

김평균씨가 처한 상황

이를 바탕으로 김평균씨의 소득(근로소득과 노령연금만 포함하며, 투자 소득은 포함하지 않습니다)과 지출을 그래프로 나타내면 다음과 같습니다.

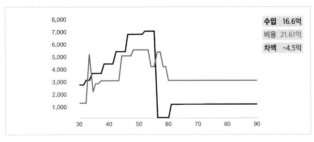

2020년의 물가

이 그래프는 물가 상승률을 고려하지 않았습니다. 물가가 매년 평균 1.5% 상승한다고 가정하면 그래프를 다음과 같이 조정해야 합니다.

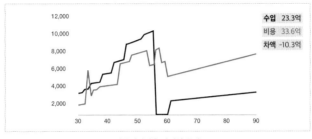

인플레이션을 반영한 물가

즉, 김평균씨는 90살 평생 33억 원을 지출해야 하지만, 버는 것은 23억 원입니다. 약 10억 원이 모자라고, 그 10억 원은 퇴직연금, 주식/펀드 투자, 개인연금, 보험, 아파트 등에서 충당해야 합니다.

민규 20억을 벌고, 30억을 쓴다고? 10억을 더 벌어야 하는 거야? 인생 쉬운 게 없구나! 근데 솔직히 말해서, 약간의 과장, 그리고 억지가 들어간 것 아니야? 금융인이 일반인들에게 금융상품 팔려고 만든 논리 같다는 생각이 들어서. 우리 할머니 세대, 아버지 세대들은 우리만큼 재테크에 관심 없었지만 다 잘 사시지 않나?

영수 무슨 소리야? 옛날부터 다들 부동산이랑 곗돈은 다 하셨잖아? '재물 욕심'은 어느 세대나 다 있는데 정말 안 하셨을까? 다만, 우리 조부모 세대는 자식을 많이 낳으셨고, 봉양도 받았잖아? 기대수명도 우리보다 짧으니, 노후자금도 우리보다 덜 필요하지. 우리 부모님 세대는 고속성장의 혜택을 마지막으로 누렸던 세대잖아. 우리랑 상황이 다르지. 혹시 우리나라 노인빈곤율이 몇%인지 알아?

민규 글쎄… 10명 중 1명 정도? 우리나라가 세계 경제 10위 대국인데 그리 높지는 않을 것 같아.

영수 OECD에서 2016년 발표한 데이터지만, 수치상으로는 44%야. 39%인 중국보다 높은 수치야. 아까 하던 이야기를 계속하자면, 수입과 비용 그래프에 약간의 과장이 들어간 것 같다고 했지? 조금 전 예시는 여러 가지 가정이 들어가서 관점에 따라서는 그럴 수도 있어.

내가 하고 싶은 말은, 근로소득만으로는 풍족한 삶을 살 수 없다는 거야. 그래서 인생 전반에 걸쳐서 투자를 해야 한다고 생각해. 민규 너는 처음에 투자하기 좋은 종목이 무엇인지, 즉 수익률 관점에서 물어봤었잖아? 진짜 중요한 것은 인생 전반에 걸쳐서 재무목표를 어떻게 세우고 투자할 것인가를 고민해야지. 그래서 내가 너의 질문이 잘못됐다고 한 거였어.

민규 인생? 재무목표? 음… 당연한 이야기인 것 같은데 너무 추상적인데?

영수 투자의 세계에서 인생을 논하려면 '투자지평'에 대해서 알아야 해. 이 개념만 확실히 이해하고 받아들인다면, 다른 투자 지식은 부차적인 것으로 생각해도 괜찮아. 그만큼 투자지평은 아주 중요한 개념이야.

투자지평:
인생이 묻어나는 투자 계획

이 대화에서 나오는 투자지평이라는 것은 도대체 무엇일까요? 저는 여러분이 다른 것은 몰라도, 투자지평의 개념만 확실히 이해하고 받아들인다면 이 책의 목적을 달성했다고 생각합니다. 오랫동안 부를 늘릴 수 있는 투자를 위해서는 투자지평을 명심해야 합니다. 저는 투자지평을 고려하는 것도 투자의 철학이라고 생각합니다.

앞에서 김평균씨가 일평생 22억 원을 벌고 33억 원을 지출하는 것으로 파악했습니다. 즉, 평생동안 소득 22억 원을 기반으로 추가로 11억 원을 창출해야 합니다. 22억 원이라는 큰 돈을 한번에 투자하는 것이 아니라 지출을 최대한 줄여서 여윳돈을 만들어서 투자를 하는 것입니다. 여기서 투자지평이라는 개념이 나옵니다.

투자지평은 시간지평이라고도 합니다. 투자지평의 사전적 의미는 '투자자금을 회수하기까지의 기간'입니다만, 개인적인 의견으로는 인생이 묻어나야 한다고 생각합니다. 제가 삼성전자를 샀다가 1년 후에 팔았다고 했을 때, 여기서의 1년은 단순 투자기간이지 투자지평이 아닙니다. '인생 자금 수요 또는 재무목표에 맞게 투자'했을 때 투자지평이라는 단어를 쓸 수 있습니다.

그러면 인생 자금 수요를 고려한 투자방법이란 뭘까요? 예를 들어보겠습니다. 1년 후에 결혼할 예정이라면, 결혼 비용을 아예 투자를 하지 않거나 매우 안전한 자산에 투자할 수 있습니다. 노후자금계좌에서는 매월 조금씩 적립식으로 투자를 하는 등 인생 계획과 재무목표에 따라 투자하고 자금을 회수하는 것입니다.

개인의 리스크 감내도 및 재무목표

사실 말로는 너무 당연한 것이기 때문에 대부분 쉽게 넘겨버리는 이야기이기도 합니다. 하지만 구체적인 계획을 세우는 경우는 거의 없습니다. 투자지평이라는 개념을 받아들인다면, 투자를 긴 호흡으로 할 수 있게 됩니다. 즉 투자활동이 인생의 마라톤임을 받아들이게 된다면 다음처럼 재테크의 토대를 세울 수 있습니다.

1) 인생을 기반으로 계획을 세울 수 있습니다. 재무목표를 실현하기 위해서 본인의 경제력을 기반으로 저축 계획을 세우게 되고, 저축 계획을 세우기 위해서 월급 계획을 세우게 됩니다. 이를 통해 자연스럽게 불필요한 지출을 통제할 수 있습니다.

2) 위험자산의 높은 변동성에 노출되어도 또는 손실이 발생해도 심적으로 덜 흔들릴 수 있습니다.

3) 자산배분, 시간배분뿐만 아니라 계좌배분도 고려하게 됩니다(계좌배분은 결국 절세를 의미하는데요, 절세계좌 관련해서는 차후에 자세히 설명해 드리겠습니다).

영수 민규야, 다른 것은 다 잊더라도 '투자지평' 개념은 꼭 잊지 말아줘. 앞으로 하는 이야기의 뿌리는 투자지평이니까. 너 올해 30살이지? 앞으로 90살까지 산다 치고, 너는 투자지평이 60년이라는 것을 꼭 염두하고 투자하길 바라.

민규 내 투자지평이 60년이라고? 솔직히 이건 생각해본 적이 없었어.

영수 응. 그러니 60년 목표와 계획을 잘 세워야지!

재무목표:
얼마나, 어떻게 모을까?

투자지평의 개념을 이해하셨으면, 재무목표에 대해 생각해 볼 차례입니다. '결혼자금 모으기' '1억 원 모으기'와 같이 측정 가능한 목표나 또는 필요를 기준으로 세울 수 있습니다. 재무목표는 사람마다 다르기도 합니다. '1,000만 원짜리 명품백을 사기 위해 매월 50만 원 저축한다'도 충분히 재무목표가 될 수 있지요. 자신의 삶이 충분히 반영되면, 어떤 목표든 괜찮습니다.

인생에서 가지고 싶은 것을 다 가질 정도의 경제력이 있으면 얼마나 좋을까요? 하지만 현실적으로 그렇기는 매우 어렵기 때문에, 우선순위에 따라 계획을 세우는 것입니다.

인생의 여러 가지 재무목표를 시간과 중요성을 기준으로 나누어 봅시다. 다음 표는 제가 사회생활 시작했을 무렵에 세웠던 재무목표를 정리한 것입니다. 다른 친구들과 비교해서 크게 다르지 않으리라 생각됩니다. 여러분도 참고하셔서 다음과 같이 본인만의 단기, 중기, 장기 재무목표를 세워 보시기 바랍니다.

목표	단기(5년 이내)	중기(10~20년)	장기(20년 이상)
필수	생활비	생활비·자녀교육비	노후자금
중요	결혼자금	주택	
여유	1,000만 원 모으기	여행	여행

자신이 평소 중요하게 생각하는 것들을 적어봅시다

세로식 저축 vs 가로식 저축

재무목표를 세웠으니, 이제 실천할 차례입니다. 목표를 이루기 위해선 계획을 세워야 합니다. 그리고 이 계획의 본질은 목표를 위해 지출을 줄이고 저축을 늘릴 수 있는 방법을 찾는 것입니다.

그런데, 목표는 정말로 필요한 것일까요? 그냥 모으기만 하는 것과는 뭐가 다를까요? 목표가 없는 저축은 세로식 저축이라고 합니다. 세로식 저축은 돈을 꾸준히 모으다가도 결혼이나 주택매매와 같이 큰일을 치를 때 예상치 못한 만큼의 금액을 쓰게 됩니다. 이러면 우리가 추구해야 할 투자지평을 살리는 투자를 할 수 없게 될 뿐더러 이럴 때마다 계획을 다시 짜야하는 번거로움이 생깁니다.

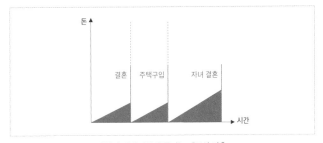

계획이 없어 자주 흔들리는 세로식 저축

계획적으로 목표를 달성하는 가로식 저축

　　많은 분들이 바쁘다는 핑계로 또는 알면서도, 이 문제를 미루다가 결국 해결하지 못하게 되는 경우가 많습니다. 은퇴 5년 전에 연금계좌에 가입하고 은퇴 준비하는 고객들이 계시는데 상당히 안타깝습니다.

　　그에 반해 자금 계획이 반영된 저축을 가로식 저축이

라고 합니다. 가로식 저축은 계획의 산물이며 자산배분, 시간배분, 그리고 계좌배분까지 실천할 수 있는 매우 바람직한 저축 방법입니다. 본인의 계획에 맞추어 장기, 단기 계좌를 따로 개설하기 때문에, 앞서 말한 결혼 같은 큰일에도 치명적인 피해 없이 예상한 범위 내의 금액을 사용할 수 있습니다. 또한 장기목표와 단기목표를 동시에 준비하며 의식적으로도 지출을 통제할 수 있게 됩니다. 지출을 줄여나가면 자연스레 저금이 늘어나게 되고, 이는 결과적으로 부를 더 빨리 쌓을 수 있게 해줍니다.

저축 계획과 통장 쪼개기

그러면 저축 계획은 어떻게 짜야 할까요? 저축 계획 역시
재무목표와 비슷하게 용도에 따라, 단기, 중기, 장기로
나눠 세우는 것이 기본입니다. 그리고 이렇게 잡은 큰 틀
에 맞게 실천하려면 '통장 쪼개기'가 필수입니다.

통장 쪼개기는 매달 들어오는 월급을 각 용도에 맞
게 나누는 것으로, 본인의 소비 습관과 패턴에 맞게 쉽고
효과적으로 계획을 달성할 수 있는 방법입니다. 자동이
체로 해두면 더욱 좋습니다. 인간은 '게으름'때문에, 귀
찮거나 바쁘다는 이유로 계획을 실천하지 않곤 하거든요.
저축 계획과 통장 쪼개기는 다음처럼 짜볼 수 있습니다.

	단기	중기	장기
적금 계획 1	매월 10만 원 (1년 만기)		
적금 계획 2	매월 30만 원 (1년 만기)		
비상금		매월 5만 원, 최대 500만 원	
주택청약		매월 10만 원	
적립식펀드·ETF		매월 30만 원	
연금 계획			매월 25만 원

계획 역시 단기, 중기, 장기로 나눠야 합니다

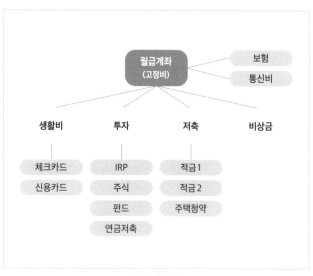

통장 쪼개기 플랜

우선 생활비, 투자, 저축, 비상금계좌를 새로 개설합니다. 월급 받을 때마다, 보험료와 통신비 같은 고정비용을 자동이체 처리하고, 나머지 금액을 생활비, 투자, 저축, 비상금계좌로 이체합니다.

생활비계좌로는 본인이 한 달 동안 지출하는 평소 금액을 보내면 됩니다. 그리고 이 계좌에 연결된 체크카드만 들고 다닌다면, 자연스레 지출통제를 하게 됩니다. 경우에 따라 신용카드를 써도 괜찮으나, 완벽하게 자제할 자신이 없다면 체크카드를 추천합니다. 신용카드에 좋은 혜택이 있긴하나, 계획보다 더 많은 지출을 하게 되는 경우가 대부분이기 때문입니다.

투자계좌는 모든 투자를 총괄하는 계좌로 사용합니다. 예를 들어 매월 100만 원 투자한다고 가정합니다. 월급날인 매월 25일에 자동이체를 걸어두고 다시 연금계좌, 펀드계좌, 주식계좌로 자동이체를 걸어두어 자동으로 투자로 유도합니다. 이를 통해 적절히 자산배분과 시간배분을 실현할 수 있습니다. 저축계좌도 마찬가지로 자동이체 기능을 통해 적금 계획을 실천하시면 됩니다.

중요한 것은 투자계좌와 저축계좌를 매달 최대한 0으로 맞추는 것입니다. 특히, 투자계좌의 경우 투자 적기나 타이밍을 본다는 등 여러 이유로 자금을 계좌에 쌓아 두기만 하고 실제 투자 집행을 하지 않는 분들이 있는데 이는 본인의 자산을 적절히 시장에 노출시키는데 방해가 되기도 합니다.

비상금계좌에는 비상금을 마련하기 위해 매월 납입하되 일정 금액에 도달하면 자동이체를 멈추면 됩니다. 정해진 금액의 기준은 따로 없습니다. 사람마다 다를 수 있습니다. 살다 보면 급전이 필요하거나 예상치 못한 지출이 발생합니다. 따로 비상금을 마련하지 못했다면 적금이나 장기저축계좌를 해지해야 하는 불상사가 일어납니다. 비상금계좌 유무에 따라 좀 더 유연하게 장기 저축 플랜을 이어갈 수 있으니 적절한 규모의 비상금을 마련하는 것을 추천합니다.

저는 2개월치 월급에 해당되는 금액을 현금성 자산으로 보유하고 있습니다. 혹시 모를 일에 대비하거나, 좋은 투자기회가 생기면 사용하기 위해서입니다. 무조건 2개월치 월급을 여유자금으로 보유하라는 것이 아니라, 본인 상황에 맞게 맞추시면 됩니다.

저축 계획과 예산을 짤 때 주의할 점은, 너무 엄격하게 세우면 지키기 어렵다는 것입니다. 지나친 통제와 계획은 오히려 재무목표 달성에 방해가 됩니다. 심리적인 저항감도 생기기도 하지요. 무엇보다도 실천 가능한 범위 내에서 현실성 있는 계획을 수립해야 합니다. 학창 시절 방학계획표를 짜 보신 경험 다들 있으시죠? 저 역시 아침 6시에 하루를 시작하는 것으로 계획을 짰지만 제대로 지켜본 적이 거의 없었습니다. 조금은 느슨하게, 하지만 목표만은 확실하게 이룰 수 있는 계획이 필요합니다.

위험성향:
안전한 투자를 위해 꼭 점검해야 할 것

투자는 재산을 불리기 위한 것이기도 하지만, 상황에 따라 투자한 원금이 줄어드는 경우도 있습니다. 보통 손실이라고 하죠. 개인마다 이 손실을 감내할 수 있는 정도가다 다르고, 이것이 이번에 살펴볼 위험성향입니다. 어떤 요소들이 사람들의 위험성향에 영향을 미칠까요? 크게투자지평, 투자가능기간, 경험, 지식 등이 있습니다. 다음 질문들을 살펴보겠습니다.

1. 고객님의 연령대는 어떻게 되나요?
2. 고객님께서 투자하고 하는 자금의 투자가능기간은 어느 정도인가요?

3. 고객님의 수입원은 어느 정도인가요?

4. 고객님의 월 소득 금액은 어느 정도인가요?

5. 고객님의 여유자금 보유 기간은 어느 정도인가요?

6. 고객님께서 투자하고자 하는 자금은 전체 금융자산(부동산 제외) 중 어느 정도인가요?

7. 고객님의 금융자산 비중은 총 자산 대비 어느 정도인가요?

8. 고객님께서 투자하셨던 금융상품 종류는 무엇이 있나요?

9. 고객님의 금융상품 투자경험기간은 어느 정도인가요?

10. 파생상품, 원금비보장형, 파생결합증권 또는 파생상품 펀드에 투자한 경험은 어느 정도인가요?

11. 고객님의 투자목적은 어떻게 되나요?

12. 고객님의 금융상품 투자에 대한 금융지식수준/이해도가 어느 정도인가요?

13. 고객님의 투자 원금에 손실이 발생한 경우 감내할 수 있는 손실 수준은 어느 정도인가요?

대개 금융사들은 이러한 질문들을 토대로 고객 위험성향을 5단계로 나눕니다. 안정형, 안정추구형, 위험중립형, 적극투자형, 공격투자형과 같이 분류해 고객성향에 맞는 상품을 추천하지요. 금융투자업자는 투자자의 투자 목적, 재산상태, 투자경험 등에 비추어 적합한 투자가 아니면 고객에게 권유해서는 안 된다는 '적합성의 원칙'을 지켜야 하는 의무가 있기 때문입니다.

제 개인적인 의견으로는, 단순히 설문조사만으로 개인의 위험성향을 파악하기에 한계가 있다고 느낍니다. 그렇기에 가능한 전문 자산관리사와 상담하는 편이 좋습니다. 좀 더 구체적으로 설명하자면, 고객의 위험성향을 결정하는 요소로 리스크 감내 '의지'와 리스크 수용 '능력'으로 구분할 수 있습니다.

리스크를 감내할 수 있는 의지란, 손실을 수용할 수 있는 정서적인 능력입니다. 투자자의 부에 대한 인식, 심리, 경험, 금융 지식과 이해도 등에 의해 영향을 받습니다.

리스크를 수용할 수 있는 능력이란, 손실을 수용할 수 있는 객관적인 능력입니다. 위험 수용 능력이라고도 부릅니다. 안정적인 소득, 어린 연령대(긴 투자지평 및 투자 기간), 수입/자산 대비 큰 지출 여부, 근 미래에 중요한 재무목표 여부 등은 투자자의 객관적인 리스크 수용 능력을 키우는 요소입니다. 자산 또는 수입이 많을수록, 고정

지출이 적을수록, 손실을 감내할 수 있는 능력이 큽니다. 또한, 나이가 어릴수록, 즉 투자지평이 길수록 리스크 수용 능력이 좋습니다.

투자지평과 위험수용 능력은 유기적인 관계라고 할 수 있습니다. 시험평가 방식을 예시로 설명드리겠습니다. 여기 시험을 치른 A 학생과 B 학생가 있습니다. 두 학생 모두 시험을 10번 치렀고 성적은 다음과 같습니다.

	1차	2차	3차	4차	5차	6차	7차	8차	9차	10차
A학생	85	85	86	89	80	81	85	87	81	86
B학생	89	70	93	100	71	95	99	95	78	90

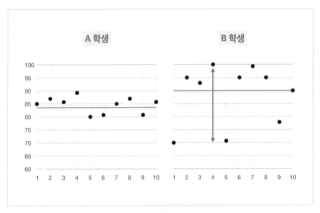

A 학생과 B 학생의 성적

두 학생의 평균은 비슷하나, 자세히 살펴보면 A 학생은 10번 모두 평균과 근접하게 성적이 나옵니다. 반면 B 학생의 성적은 들쑥날쑥합니다. 100점과 99점을 맞은 적도 있지만 70점 대도 무려 3번이나 나왔습니다. B 학생은 평소에 공부를 잘하지만 컨디션에 따라 제 실력을 발휘하지 못한 것일까요? 만약 다음 달에 수능을 친다면, 두 학생 중 누가 더 높은 점수를 낼까요?

A 학생은 평소대로 나올 것입니다. 문제는 B 학생인데, A 학생보다 높은 점수를 받을 수도 있지만, 수능의 압박을 못 이겨 자기 실력을 발휘하지 못할 수도 있습니다. 더 좋은 성적을 낼 수 있는 학생을 맞춰야 한다면, 어느 학생을 선택해야 할까요?

이번에는 시험 방식을 바꾸어 보겠습니다. 수능처럼 단 하루 만에 끝나는 수능 시험이 아니라, 시험을 5번 보고 그 중에서 가장 높은 점수 또는 평균으로 성적을 매기는 방식입니다. 이 경우에는 평균이 더 높은 B 학생이 더 높은 성적을 낼 것입니다.

B 학생의 성적은 위험자산과 같은 성격을 보여줍니다. 변동성이 높아서 위로든 아래로든 평균으로부터 벗어날 수 있으나 충분한 시간이 주어진다면 결국 평균으로

회귀하게 됩니다. 학생에게 충분한 시간을 준다는 것은 시험 볼 기회를 여러 번 주는 것이고, 투자에 있어 충분한 시간을 준다는 것은 자산을 오래 보유한다는 의미입니다. 그렇기 때문에 투자지평이 길수록 위험을 감내할 수 있는 객관적인 능력이 크다고 하는 것입니다.

객관적 능력과 정서적인 능력이 다를 경우

투자자의 객관적인 능력과 정서적인 능력이 다를 경우 어떻게 해야 할까요? 예를 들어 대기업에 근무하는 20대 청년이, 과거 아버지께서 주식을 하다가 집안 기둥까지 뽑아버린 기억이 있어 위험자산을 극도로 싫어하고 오직 적금 상품만 가입한다고 합시다. 투자지평이 60년 이상이고, 일정한 수입이 있어 객관적인 능력은 충분한데 정기적금과 같은 원리금 보장 상품만 투자하는 것은 맞지 않다고 생각합니다. 이 청년에게 필요한 것은 왜 위험자산에 투자를 해야 하는지 충분한 설명과 교육입니다.

2030, MZ세대 여러분께서 지금 당장 연봉이 적다고 투자와 담을 쌓으시면 안되는 이유는, 리스크를 감내할 수 있는 객관적인 능력이 있기 때문입니다. 지금 연봉이

낮더라도, 앞으로 연봉이 늘어날 것이고, 결혼을 안 했으면 부양가족이 없을 것이고, 설사 투자 성적이 좋지 않더라도 만회할 수 있는 기회가 충분히 있기 때문입니다.

20세에서 30세까지 형성된 자산은 적지만, 투자지평이 길고, 앞으로 벌어들일 수입이 많기 때문에 리스크 수용능력이 높습니다. 반대로 부모님 세대는 비록 축적한 자산이 많을지라도, 앞으로 벌어들일 수입이 적고 투자지평이 짧기 때문에 리스크 수용능력이 상대적으로 적다고 봅니다.

위험자산에 투자해야 하는 이유

저는 2030 여러분들이 자산의 일부만이라도 위험자산에 투자해보길 권합니다. 첫 번째 이유는 방금 말한 것처럼 우리의 투자지평이 길고 위험 감내능력이 높기 때문입니다.

두 번째 이유는 우리가 조금이라도 부자가 될 수 있는 확률을 높이기 위해서입니다. 안타깝지만, 노동(근로) 수입만으로는 풍족한 삶을 살기 어려운 것이 현실입니다. 통계청에 따르면 우리나라 2019년 임금근로자 평균

월 소득은 309만 원이고, 중위 월 소득은 234만 원입니다. 여기서 생활비를 빼고 남은 돈을 은행 적금에만 붓는 것만으로는 재무목표를 달성하는 데 어려움이 있을 것입니다.

혹시 토마스 피케티라는 이름을 들어보셨나요? 그는 2014년에 『21세기 자본』을 집필해 명성을 얻은 프랑스 경제학자이고, 부의 불평등 관련 이슈를 제기했습니다. 다음은 피케티가 작성한 논문에서 가져온 재미있는 그래프입니다. 프랑스의 빈곤층부터 상류층까지 각 계층

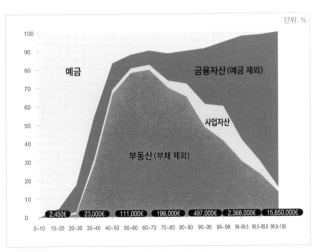

소득구간별 자산구성(2012년 프랑스)

이 자산을 어떻게 운용하고 있는지 엿볼 수 있습니다. 부유층일수록 위험자산의 비중이 높아짐을 확인할 수 있고, 정도의 차이는 있으나 미국이나 다른 선진국도 프랑스와 마찬가지로 부유할수록 높은 위험자산 비중을 보여주고 있습니다.

이 그래프의 요지는 부의 불평등을 나타내는 것이지 위험자산에 투자해야 한다는 주장을 뒷받침하기 위한 용도는 아닙니다. 또한 여기서 제가 드리고 싶은 이야기는 위험자산에 투자해야 무조건 부자가 된다는 것이 절대 아닙니다. 다만 위험자산(주식)에 투자하는 것은 자산을 불려 나갈 수 있는 가능성을 조금이라도 높여준다는 것입니다.

자산을 불리는 3요소: 원금, 수익률, 시간

자산을 불리는 데는 3가지 요소가 있습니다. 바로 원금, 수익률 그리고 시간입니다. 다시 한번 강조하지만, 이제 막 재테크를 시작하는 사회초년생 여러분의 가장 큰 자산은 시간입니다.

그러나 시간만으로는 절대 자산을 키울 수 없습니다. 예금, 적금만으로는 힘들고, 투자를 해야 자산을 키울 수 있습니다. 자신에게 알맞은 위험자산 투자방법을 찾고, 긴 투자지평을 최대한 활용해 정해둔 목표만큼 자산을 불려야 합니다. 그러나 안타깝게도 대부분의 초보 투자자들은 투자지평을 고려하지 않습니다. 다음 표를 볼까요?

구분	투입자산(원금)	목표수익률(수익률)	투자지평/투자기간(시간)
초보 투자자	매우 적음	매우 높음	고려되지 않음(짧음)
자신감 얻은 초보 투자자	중간/많음	매우 높음	고려되지 않음(짧거나 비자발적 장기투자)
이상적인 투자자	많음/점진적으로 높임	낮음/중간	길다

경험에 따른 투자 방식 차이

　　초보 투자자들은 본인이 투자경험이 없다는 것을 잘 인지하고 있기 때문에 투입자산, 즉 전체 자산 대비 투자 금액은 미미합니다. 그렇기 때문에 수익률은 큰 의미가 없습니다.

　　연봉 2,400만 원인 투자자가 100만 원을 주식에 투자했다고 합시다. 50%의 수익률을 거두든, −50%의 손실을 거두든 총자산 기준으로 봤을 때 큰 의미의 증감은 아닙니다. 그러나 투자지평 개념이 없는 초보 투자자에게 −50%의 손실은 매우 큰 충격으로 다가옵니다. '역시 투자는 나와 맞지 않아. 적금이나 해야지'라고 생각하며 당분간 투자와 관심이 멀어지는 안타까운 상황이 벌어집니다.

반대로 50%의 수익률을 거두었을 경우 초보 투자자 자신감을 얻습니다. 이 자신감이 비극의 씨앗이 되기도 합니다. 약간의 공부도 하고 자신감을 얻은 투자자는 이 대로만 한다면 빠른 시일 내에 경제적 자유를 얻을 것 같은 생각에 적금을 해지하고 그동안 모은 돈을 보태 주식에 투자합니다. 그러다가 약간의 손실이 발생하면 당황하게 됩니다. 바로 손절하는 분도 있고 경우에 따라 비자발적으로 장기 보유하는 분도 있습니다. 이러한 현상은 투자지평이 고려되지 않았기 때문입니다.

제가 생각하는 이상적인 투자란, 본인의 총자산 대비 상당한 금액을 점진적으로 투자하는 것입니다. 단, 너무 큰 욕심부리지 않고 위험관리를 하면서 적당한 수익률을 추구해야 합니다.

목표수익률:
돈을 얼마나 벌어야 만족할 수 있을까?

민규   자산을 불리는 요소가 원금, 수익률, 그리고 시간이라고?

영수   내가 만난 사회초년생들, 그리고 지인들에게 받는 질문들은 대부분 다 '수익률' 관점이었어. 너도 처음으로 한 질문이 수익이 잘 날 것 같은 종목을 콕 집어달라는 것이었잖아? 충분히 이해해. 사회초년생들은 투자원금이 거의 없거나 매우 적잖아? 그래서 높은 수익률에 집착할 수도 있지. 돈을 빌려 투자해서 과도한 리스크에 노출되기도 하고, 약간의 손실이 났다고 해서 바로 팔아버리기도 하고.

민규   맞는 말이긴 한데, 높은 수익률을 원하는 건 인간의 본성 아니야?

영수   음…넌 몇%의 수익률이면 만족할 것 같아?

민규 원금을 잃을 수도 있는 주식에 투자한다면, 최소한 연 15% 정도는 되어야 하지 않을까? 솔직히 20% 이상은 되어야 투자하는 '맛'이 있을 것 같아.

영수 매년 10% 이상 수익률 실현하는 게 얼마나 힘든데! 연 7~10% 정도는 어때?

목표수익률은 개인마다 성향, 상황이 다르기 때문에 정답은 없습니다. 다만 위험과 수익은 비례하기 때문에 위험을 너무 적거나 많게 지지 않는 것이 최선이라고 느껴집니다. 개인적인 생각이지만, 초보 투자자분들은 2021년 기준으로 연 7~10%의 수익률을 목표로 추천합니다. 너무 낮다고 생각되어도 일단 1~2년 투자경험을 쌓으시고 난 후에 높이길 바랍니다.

조금 오래된 자료이긴 하나 2017년, 금융투자협회에서 개인투자자들의 주식투자 목표수익률을 조사해 발표했는데요, 2007년은 31%, 2009년에는 27%, 2012년에는 18%, 그리고 2016년에는 9%로 집계했습니다. 목표수익률이 점점 하락하는 이유는 지속적인 저금리 환경도 있지만 주식을 투기가 아닌 건전한 투자수단으로 여기는 인식이 자리 잡아가고 있기 때문입니다.

확실하게 말씀드릴 수 있는 것은, 바로 투자는 빠르면 빠를수록 좋다는 것입니다. 500만 원으로 5,000만 원을 만들 마법의 투자 방법을 찾는 것보다 최대한 이른 나이에 매월 소액으로 적당한 수익률을 추구하는 것이 좋습니다.

	A (20세부터 저축)	B (30세부터 저축)	C (40세부터 저축)
연 수익률	6%	6%	6%
연 저축액	36만 원	60만 원	120만 원
누적원금	1,656만 원	2,160만 원	3,120만 원
최종자산	8,644만 원	7,576만 원	7,525만 원

일찍 시작할수록 돈은 더 잘 불어납니다

20세, 30세, 40세부터 저축하면 얼마나 차이가 날까요? 이 표는 전부 6%의 수익률을 거둔 A, B, C, 3명의 투자 기록입니다. 다만 저축을 언제 시작했느냐의 차이만 있습니다.

A는 20세부터 65세까지 매월 3만 원, 즉 매년 36만 원을 저축합니다. B는 30세부터 매달 5만 원, 매년 60만 원을 저축합니다. 재테크에 관심 없던 C는 뒤늦게 40세부터 B의 두 배인 연 120만 원을 저축합니다. 결과는 어떨까요? 누적원금은 C 〉 B 〉 A 순으로 가장 뒤늦게 재테크에 뛰어든 C가 많습니다만, 총자산은 A 〉 B〉 C 순으로 가장 일찍, 적은 돈으로 투자를 시작한 A가 많습니다. 이것이 금융업계에서 이야기하는 스노볼(Snow Ball) 효과입니다. 조그마한 눈뭉치를 더 높은 곳에서 굴릴수록, 즉 일

찍 투자를 시작할수록 자산이 불어나는 정도가 커집니다. 이처럼 투자를 빨리 시작하는 것이 더 많은 부를 이룩하는 지름길입니다.

C가 이 상황을 만회하기 위해서는 기대수익률이 더 높은 자산에 투자해야 합니다. 그러나 C의 투자지평이 A, B보다 짧습니다. 즉 위험을 감당할 수 있는 객관적인 능력이 줄어든 상태에서 더 많은 위험을 감당해야 하는 상황이 된 것이지요.

위험을 감수하지 않는 것이 가장 위험합니다

민규 재테크를 일찍 시작한 사람이 더 유리한 거는 당연한 거 아니야?

영수 투자를 해서 복리의 효과를 누려야 유리하지. 단순히 일찍 시작하라는 의미가 아니야. 누누이 이야기하지만, 너무 욕심 부리지 말고, 적당한 수익률을 추구하면서 일찍 투자를 시작하는 게 재테크의 정도正道라고 생각해.

민규 그냥 나처럼 적금 붓는 거는?

영수 저축하는 습관을 위해서는 나쁘지는 않아. 그러나 적금만 하는 것은 바람직하지 않다고 생각해. 너무 안전한 것만 추구하게 되면 저금리 시대에서 재무목표를 달성하기 어려울 수 있어.

안전을 추구하는 것이 위험하다니, 모순 같죠? 이는 위험에 대한 정의가 달라서 그렇습니다. 안전에 대한 정의를 1)구매력가치 보존, 즉 물가상승률을 이기는 것 또는 2)원리금 보장으로 볼 수 있는데요, 대부분의 사람들은 원리금 보장을 '안전'으로 생각하는 경우가 많습니다.

그러나 금융인의 시선으로 장기재무목표를 달성함에 있어 위험을 감수하지 않는 것은 물가 상승률 리스크에 노출되기 때문에 상당히 위험해 보입니다. 물가상승, 즉 인플레이션은 우리가 쓰는 현금의 가치를 떨어뜨립니다. 적금과 같이 원리금 보장 상품에 투자하면 약간의 수익이 발생하기는 합니다만, 인플레이션을 충분히 방어하기에는 부족합니다. 올해 100만 원이 10년뒤에도 동일한 구매력을 가지지는 않을 겁니다. 저금리 시대에 장기간 안전 자산에만 투자하는 것이 보다 위험자산에 투자해야 한다고 생각합니다.

자금을 안전하게 굴리기 위해서는 일단 자금의 성격과 투자기간을 정해야 합니다. 노후자금 마련과 같은 장기목표는 인플레이션 방어를 위해 위험자산에 투자하는 것이 안전한 방법이 됩니다. 그러나 6개월 뒤에 사용할 자금은 예금과 같은 원리금 보장 상품에 투자하는 것이

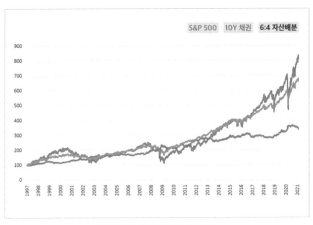

미국 주식과 채권을 활용한 자산배분

안전한 투자방법이 됩니다.

　이 책은 이 그래프를 설명하는 것이 전부라고 해도 과언이 아닙니다. 그래프에는 미국 S&P500지수(주식), 미 10년물 국채 가격지수(채권) 그리고 이를 6:4의 비율로 섞은 자산배분 전략의 수익률을 확인할 수 있습니다.

　앞으로 주식, 채권과 같은 대표적인 자산군에 대해 설명 드리고자 합니다. 그 후에 자산군을 '섞는' 자산배분을 다룰 것입니다. 그리고 손쉽게 투자를 할 수 있는 수단인 펀드와 ETF를 다룰 예정입니다.

마지막으로 이 책의 후반부에서는 계좌배분 개념을 소개하려고 합니다. 이 그래프는 1997년부터 2021년까지 약 25년간의 장기 수익률을 보여주기도 합니다. 장기 목표를 담기 위한 계좌와 중기목표, 단기목표에 적합한 계좌를 설명 드리겠습니다.

2장

자산군
이해하기

다양한 모습의 자산들

이 세상에는 다양한 자산이 있습니다. 시장에서는 동일한 속성, 비슷한 통계적 유의성을 근거로 하나의 자산군으로 묶습니다. 가장 대표적인 것으로는 주식, 채권, 부동산, 통화 등이 있습니다. 각 자산군은 기대수익률이나 변동성이 다르고, 또 인플레이션과 금리 변화에 대해 다르게 반응하기도 합니다. 이렇게 다른 특성을 가진 자산을 섞어서 포트폴리오를 구축하는 일이 펀드매니저가 하는 일이기도 합니다.

금융시장의 가장 대표적인 자산은 주식과 채권입니다. 우리가 가장 흔하게 접하는 금융상품인 펀드도 크게 주식형 펀드와 채권형 펀드로 나눕니다. 그래서 재테크나 투자를 시작하기 앞서 주식과 채권의 차이를 알아보고 가면 자신에게 맞는 자산을 찾을 수 있습니다.

그리고 최대한 숫자와 수학 공식을 사용하지 않으려고 노력했으나 어쩔 수 없이 약간의 수학 공식을 사용했습니다. 최대한 필요한 경우에만 썼으니 너그럽게 이해 부탁드립니다. 재테크 책에 숫자가 없으면 문학책이 되지 않겠습니까?

변동성: 단순히 오르락내리락이 아닙니다.

변동성 개념을 100% 이해하지 못하더라도 살펴봐야 하는 이유는 뉴스에서도 정말 많이 쓰이는 단어이기는 하나, 정작 제대로 된 설명을 들을 기회는 거의 없기 때문입니다. "금리 인상으로 금융시장 변동성이 높아졌다." 이 문장에서 '변동성'을 문학적인 표현으로 이해하는 분들도 간혹 계시기도 하더라고요. 전혀 그렇지 않은데 말이지요.

변동성은 금융업계에서 위험을 나타내기 위해 사용하는 대표적인 지표입니다. 예를 들어 펀드 위험등급표에서는 변동성을 통해 각 펀드가 얼마나 위험한지 알 수 있습니다. 수익률 변동성이 25% 초과하면 매우 높은 위험입니다. 그렇다면 25%는 어느 정도의 위험을 의미하는 것일까요?

등급	1 매우 높은 위험	2 매우 위험	3 다소 높은 위험	4 보통 위험	5 낮은 위험	6 매우 낮은 위험
수익률, 변동성	25% 초과	25% 이하	15% 이하	10% 이하	5% 이하	0.5% 이하

펀드위험등급표

평균과 표준편차

우리나라 남성 성인 키 분포를 나타낸 그래프를 보면 대부분 평균을 중심으로 형성되어 있습니다. 그리고 극단값으로 갈수록 그 수는 점점 줄어듭니다. 그래서 종모양의 그래프가 만들어지는 것이지요. 평균 전후로 '모여있음'을 숫자로 어떻게 나타낼까요? 바로 표준편차라는 값을 이용합니다.

표준편차가 6cm이고 평균키가 175cm이면, 68%의 인구가 175cm±6cm(169~181cm) 안에 있다는 뜻입니다. 그리고 95%의 인구는 2표준편차, 즉 175cm±

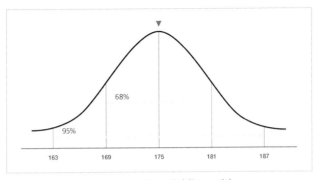

평균 키는 175cm이고, 표준편차는 6cm이다

12cm(163~187cm)안에 포함되어 있는 것입니다.

　금융상품 수익률도 이런 분포(정규분포)를 보인다고 가정해보면 변동성을 잘 이해할 수 있습니다. 금융업에서는 표준편차를 변동성이라고 지칭합니다. 위 펀드 위험등급표를 보시면 1등급의 변동성이 연 25% 이상입니다. 변동성이 연 25%이고 평균 수익률이 연 5%라면, 1년안에 68% 확률로 −20%~30% 사이의 수익률을 보였던 것입니다. −20%~30%이면 구간이 상당히 넓습니다.

민규 그러니까, 변동성이 문학적인 표현이 아니라 수학적인 표현이었어?

영수 맞아, 통계학의 표준편차랑 같은 의미야. 금융에서 통계학의 표준편차 개념을 이용해서 '위험'이라는 개념을 수량화한 거야. 변동성이라는 개념을 공부한 김에 '위험조정수익률'에 대해 설명해 줄게. A 종목이랑 B 종목이 동일하게 연 10% 수익이 났어. 어떤 종목이 더 좋은 종목이야?

민규 같은 수익률을 냈으니 같은 거 아니야?

영수 모든 것을 수익률로만 따지면 안 되지. 변동성도 같이 고려해야해. A 종목의 변동성이 5%고, B 종목이 10%인데 동일하게 10% 수익이 났어. 그럼 어떤 종목이 더 좋은 종목이야?

민규 변동성이 낮은 A?

영수 그렇지! 수익률과 변동성을 같이 고려한 것이 위험조정수익률이야. 대표적으로 샤프비율이 있어.

샤프비율 Sharpe Ratio : 어떤 펀드가 더 좋은 펀드일까?

펀드나 전략 간을 비교할 때는 투자 효율성을 나태내는 여러 지표들을 활용하곤 합니다. 예를 들어, 동일하게 15%의 수익률을 기록한 A, B 펀드가 있다면, 둘 중 어느 펀드가 더 좋은 펀드일까요?

수익률만으로는 판단하기 어려우니 각 펀드의 변동성도 살펴봐야 합니다. A는 변동성이 10%, B는 5%로 산출됐다면 동일한 수익률에서 더 안정적인 B 펀드가 더 좋은 펀드라고 할 수 있습니다.

이처럼 수익률과 변동성을 다 고려한 지표를 '위험조정수익률'이라고 부릅니다. 대표적인 것으로는 노벨경제학상을 수상했던 윌리엄 샤프William Sharpe 교수가 고안한 샤프비율이 있습니다. 굳이 공식까지는 외울 필요는 없지만, 개념 정도는 알아두시면 좋습니다. 특히 고수익 상품을 투자하기 전에는, 단순히 수익률과 변동성을 함께 고려하는 것이 중요하고, 샤프비율은 가장 쉽게 확인할 수 있는 방법입니다.

샤프비율 = (기대수익률 − 무위험 자산 수익률) ÷ 변동성

채권: 얼마나 안전한 자산일까요?

채권투자는 돈을 빌려주는 것과 같습니다. 그래서 채권은 일종의 차용증이라고 생각하시면 될 것 같습니다. a라는 사람이 b라는 사람한테 돈 빌려줄 때 차용증에 원금, 이자, 빌린 날짜, 갚아야 하는 날짜 등의 내용을 적듯이 채권도 마찬가지로 원금, 이자, 만기일, 발행일 등의 정보가 들어갑니다. 참고로, 돈을 빌리는 쪽이 "채권을 발행한다"라는 표현을 사용합니다.

국가에서 발행하는 채권은 국채, 회사채에서 발행하는 채권을 회사채라고 합니다. 기업이 발행한 어음도 채권의 범주 안에 들어갑니다.

민규 아니, 주식 먼저 이야기해 달라고 했는데, 왜 채권부터 이야기하려는 거야?

영수 채권을 이해하면 주가, 즉 주식의 가격을 계산하는 법을 더 쉽게 이해할 수 있을 것 같아서. 채권에 대해 혹시 들어본 적 있어?

민규 일단, 안전자산이지만 기대할 수 있는 수익률은 낮고. 음… 솔직히 거래해 본 적이 없어서 잘 모르겠어.

영수 일단, 오해의 여지가 있는 안전자산의 개념부터 살펴보자.

채권은 안전자산?

채권은 금과 더불어 대표적인 안전자산입니다. 그러나 안전이라는 단어를 오해하시면 안됩니다. 금융시장에서 미국국채를 무위험자산이라고 부르기는 하지만, 원금보장을 뜻하는 것이 아닙니다. 무위험자산인 미국국채에 투자하더라도, 시장 상황에 따라서 마이너스 수익을 볼 수도 있습니다. 미국 10년물 국채의 장기 가격 움직임을 보시면 안정적으로 우상향하는 모습이지만, 분명히 때때로 아래로 움직이는 모습도 관찰됩니다(붉은색 원).

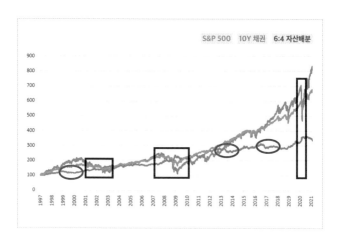

안전자산에서 '안전'의 의미는 채무불이행 위험으로부터의 안전입니다. 국채의 경우, 만기가 도래했을 때, 국고에 남은 돈이 없다 해도 정부나 중앙은행에서 돈을 찍어서 채권을 상환할 수 있지요.

경제상황이 어려우면 정부는 금리를 인하합니다. 채권은 금리와 반대로 움직이기 때문에 채권은 경제위기 시 가격방어가 되는 자산입니다. 그래프 위에 검정색 박스(2000년 IT버블, 2008년 금융위기, 2020년 코로나)를 보시면 주식(S&P500) 가격이 하락할 때 채권 가격은 오히려 상승하고 있습니다. 그래서 채권을 안전자산이라고 칭합니다.

채권이 안전자산이라고 해서 가격 변화에 따른 위험으로부터의 안전을 말하지 않습니다. 전통적인 안전자산인 금을 생각하시면 이해가 빠르실 것 같습니다. 금은 세상 어디를 가도 그 가치를 인정해 줍니다만, 그 시세는 항상 움직입니다.

채권은 사고팔면 손해 볼 수 있다?

채권에 투자한다는 것은 채권을 발행한 사람한테 돈

을 빌려주는 것입니다. 발행자가 부도나지 않는 이상, 약속한 이자와 원금을 받습니다. 그래서 채권을 최초 발행일부터 만기일까지 쭉 보유하고 있으면, 상대방이 망하지 않는 이상 손해 보지 않습니다. 국채가 안전하다고 하는 이유는 국가가 망하지 않을 것이라는 믿음 때문입니다. 그러나 최초 발행일과 만기일 사이에 채권을 사고팔면 마이너스 수익률이 발생할 수도 있습니다.

채권을 최초 매수 후 만기까지 보유하면 손해 보지 않으나 중간에 사고팔면 손해 볼 수도 있고, 이익이 발생할 수 있다니! 이를 이해하기는 조금 어려울 수 있습니다. 게다가 채권의 가격은 금리와 반대로 움직입니다. 금리 5%짜리 채권과 금리 10% 채권 중 어느 채권이 투자자에게 유리할까요? 상식적으로 금리 10%짜리가 더 유리할 것입니다. 그런데 금리가 오르면 채권 가격이 하락합니다.

채권의 비밀은 차용증과 비교해보면 알 수 있습니다. 채권은 차용증과 비슷합니다. 채권과 차용증에는 빌린 금액, 만기일자, 금리, 이자지급주기 등의 정보가 있습니다. 그럼 이 둘을 가르는 가장 큰 차이점은 무엇일까요? 바로 채권은 매일 거래가 가능하다는 점에 있습니다.

민규 채권이 매일 거래 가능하다는 게 뭐가 대수야? 금융상품을 매일 사고 팔 수 있는 것은 너무 당연한 거 아니야? 주말, 공휴일에도 거래가 가능하다는 거야?

영수 아니, 당연히 영업일을 말하는 거고, 예를 들어볼게. 오늘이 2021년 1월 1일이지? 만기일이 2021년 12월 31일, 즉 만기 1년, 금리 5% 채권을 오늘 종민이한테 샀다고 해보자. 이 말은 내가 종민이한테 원금 100만 원을 빌려주고, 1년 뒤에 원금 100만 원과 이자 5만 원을 돌려받을 거야. 만약 내가 11월, 그러니까 만기 한 달 앞두고 민규 너한테 이 채권을 팔아서 넘겨준다면. 넌 채권을 한 달 보유하고 있다가 12월 31일에 종민이한테 5만 원을 받겠지?

민규 그렇지.

영수 응. 민규 너는 종민이한테 이자 5만 원을 받지만 수익률은 5%가 아니야.

민규 왜? 5만 원 나누기 100만 원 하면 5% 아니야? 수수료 때문에 그래?

영수 아니, 일단 우리 수수료는 생각하지 말자. 나는 최초 채권 발행자인 종민이한테 100만 원 주고 11개월을 기다렸잖아. 너는 한 달만 보유한 거고. 그런데 한 달만 보유한 네가 5만 원을 다 가져간다? 그건 좀 불공정하지 않을까?

민규 음. 그럼 내가 이자 받은 다음에 형한테 나눠주면 되나?

영수 맞아! 그런데 채권 만기일(12월 31일)에 이자를 받아서 나한 테 주는 게 아니라 내가 채권을 너한테 팔 때, 그러니까 매 매일(11월)에 원금이랑 같이 줘야 해. 12월 31일 네가 나한테 원금 100만 원과 이자 11개월 치를(4.5만 원) 나한테 지불하 면 되는 거야. 그리고 12월 31일에 종민이한테 105만 원 받 는 거야. 그럼 너의 수익은 105만 원-104.5만 원=0.5만 원, 딱 한 달 치 이자 정도 나오지.

민규 이해했어! 채권을 거래할 때, 만기로부터 얼마나 남았는지, 이자를 중간에 정산한다 이거지! 그렇게 계산하면, 매일 매 일 거래할 수 있겠네!

영수 한 가지 더 남아 있어. 채권의 세계에서는 2가지 금리가 있 어. 하나는 눈에 보이는, 지급이자를 결정하는 표면금리, 그 리고 숨겨진 시장금리가 있어. 이게 좀 어려울 수도 있어서 한 번의 설명으로 이해 못 할 수 있어. 스트레스 받을 필요 없으니 다시 물어봐 줘.

표면금리와 할인율

채권의 가격을 천천히 알아보겠습니다. A라는 나라에서 2001~2004년 동안 연 10% 금리로 국채를 발행했다고 합시다. 100만 원을 투자하면 매년 10만 원의 이자를 지급한다는 의미이지요. 이를 표면금리라고 부릅니다. 그런데 2005년, 경기가 안 좋아서 중앙은행에서 기준금리를 큰 폭으로 인하했다고 합시다. 그래서 정부는 5% 금리로 채권을 발행할 수 있게 되었습니다. 과거에는 10% 정도는 돼야 투자했던 투자자들도 5%면 만족하기 때문에 정부에서 채권을 발행하는 것입니다.

2005년을 기준으로 A 국에 2가지 종류의 채권이 있다고 합시다. 첫 번째 채권은 표면금리 10%, 발행일은 2004년, 만기일이 2006년입니다. 2년짜리 채권이지만 발행한지 1년 되어 만기까지 1년 남은 채권입니다. 두 번째 채권은 표면금리 5%, 발행일은 2005년, 만기일은 2006년입니다. 두 채권의 잔존만기는 동일하게 1년이고, 차이점이라면 표면금리뿐입니다. 남은 만기가 동일한 2개의 채권 중 어느 채권이 더 매력적일까요?

민규   당연히 10%짜리 채권이 더 매력적인 채권 아니야?

영수   반은 맞고 반은 틀려! 최초 매수해서 만기일까지 보유한다
     면, 10%가 더 매력적인 채권이라고 할 수 있지. 그런데 채권
     을 최초발행일 이후에 사고팔면 손해 볼 수도, 이익 볼 수도
     있다고 한 점 기억하지? 이를 염두하고 잘 들어봐.

기준금리가 내려가서 표면금리 5%짜리 채권이 이제 시장 표준이 되어버렸습니다. 정부는 앞으로 5% 수준에서 추가로 국채를 발행할 것입니다. 표면금리가 10%짜리 채권은 더 이상 발행하지 않을 것입니다. 즉, 시장표준은 5%인데, 10%짜리 채권이 아직 만기가 도래되지 않고 시장에서 유통되고 있는 상황입니다.

둘 중 당연히 금리 수준이 2배 높은 10%짜리 채권이 더 인기가 많습니다. 게다가 인기 많은 채권의 신규공급은 중단되어 있습니다. 수요와 공급의 논리에 따라, 인기 많은 채권의 가격이 상승하게 됩니다. 액면 100원에 발행했던 채권이 유통시장에서 100원보다 높은 가격에 거래되는 것이지요.

현재 시장표준이 5%인 시점에, 작년(2004년)에 발행된 10%짜리 채권을 사려고 합니다. 제가 액면 100원짜리를 103원에 산다고 합시다. 그러면 즉시 -3원의 손해를 봅니다. 그러나 1년 뒤에 들어올 이자 10원과 원금 100원을 받게 되면 총 수익은 7원이 됩니다.

2005년에 발행한 액면 100원짜리 채권을 최대한 양보해서 105원까지는 지불할 수 있습니다. -5원의 손해를 보지만 이자를 10원 받으니 기대수익률이 현재 시장금리와 동일한 5%가 되기 때문이죠. 그러나 105원 이상 줄 이유는 없습니다. 차라리 2006년에 발행한 신규채권을 사는 것이 더 합리적이기 때문이지요. 그래서 10%짜리 채권의 가격은 시장에서 105원에 거래됩니다.

액면 가격	매수 가격	채권 매수 손실분	받을 수 있는 이자	기대 수익	수익률
100	100	0	10	0+10=10	10%
100	101	-1	10	-1+10=9	9%
100	102	-2	10	-2+10=8	8%
100	103	-3	10	-3+10=7	7%
100	104	-4	10	-4+10=6	6%
100	105	-5	10	-5+10=5	5%
100	106	-6	10	-6+10=4	4%

2005년에 발행한 10% 채권의 매수 가격별 기대수익

채권금리가 10%에서 5%로 인하되었더니, 채권의 가격은 상승하게 되지요? 즉, 금리와 채권의 가격은 반대로 움직입니다. 채권금리가 인하되면, 과거에 발행했던 채권의 가격이 오르고, 채권금리가 상승하게 되면, 과거에 발행했던 채권의 가격은 오르게 되어 있습니다.

채권의 가격을 결정하는 가장 큰 요인은 무엇일까요? 바로 새롭게 발행되는 채권의 금리수준, 즉 시장금리입니다. 기존에 결정된 고정된 이자값, 즉 표면금리는 수익률에 큰 영향을 미치지는 않습니다.

영수 어때? 신기하지? 시장금리가 5%가 되니까, 표면금리 10%짜리 채권의 기대수익률도 5%가 된다!

민규 그러니까, 내가 10%짜리 채권을 최초에 매수해서 만기까지 들고 있으면, 기대수익률이 10%가 되는 것이고, 이 채권을 중간에 팔 경우, 이 채권을 사는 매수자의 기대수익률은 현재 시장금리인 5% 수준이 되는 거지?

영수 맞아! 시장금리가 10%에서 5%로 인하 되면 과거에 발행한 10%짜리 채권의 가격이 100원에서 105원으로 올라. 금리와 채권의 가격이 반대로 움직이지?

민규 응.

현재가치와 할인율

방금 전에 언급한 2005년 매수 가격별 채권의 기대 수익 표는 사실 설명의 편의를 위해 간단하게 뺄셈으로 계산했습니다. 정확히 계산을 하려면 그림처럼 나눠야 합니다. 원금(현재가치)에다 수익률을 곱해야 원금+이자(미래가치)의 금액을 산출할 수 있듯이, 미래가치값을 시장금리로 나눠야 현재가치를 계산할 수 있습니다. 그래서 시장금리를 할인율이라고도 부릅니다.

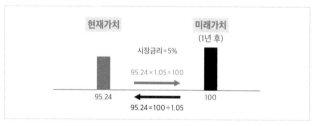

금리를 알면 현재가치와 미래가치를 계산할 수 있습니다

시장금리가 5%이면, 오늘의 100원은 1년 뒤에는 105원이 되고, 1년 뒤에 받을 100원은 오늘의 가치로 약 95원이 됩니다.

대부분의 사람들은 채권을 계산할 때도 예금과 적금

을 떠올리며 원금에 금리를 곱합니다. 10%짜리 적금상품보다는 20%짜리 적금상품을 선호하는 이유도 금리 방향이 정방향이기 때문입니다. 그러나 채권의 세계에서는 금리를 곱하는 것이 아니라 나눠야 합니다. 금리의 방향이 적금과 반대 방향입니다.

채권 가격을 뺄셈이 아닌 나눗셈으로 정교하게 계산해보겠습니다. 참고로만 보시면 됩니다. 표면금리 10%, 만기 5년인 채권의 현재가치를 계산해봅시다. 시장금리가 10%이면, 1년차 이자 10의 현재가치는 $10 \div (1+10\%) = 9.09$입니다. 2년차 이자 10의 현재가치는 8.26이고요. 다음과 같이, 1년차~5년차 현금흐름의 현재가치의 합을 구하니, $9.0901 + 8.2644 + 7.5131 + 6.8301 + 68.301 = 100$이 됩니다.

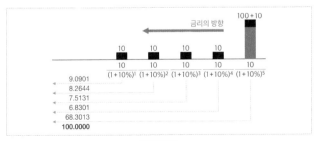

금리의 방향

시장금리(할인율)가 표면금리와 동일할 때는 채권가격이 액면인 100과 동일합니다. 시장금리가 움직이면 가격은 다음과 같습니다.

표면금리	시장금리	채권 가격 (현재가치)
10%	8%	107.99
10%	9%	103.89
10%	10%	100.00
10%	11%	96.30
10%	12%	92.79

시장금리가 오르면 채권 가격은 내려간다

시장금리가 상승할수록, 채권의 가격이 하락하는 게 관찰됩니다. 채권의 금리와 채권의 가격이 반대로 움직이는 것입니다. 채권의 현재가치, 즉 가격을 결정하는 요소는 표면금리가 아니라 시장금리입니다. 이해가 되셨나요? 그렇다면 채권으로 수익을 내려면, 어떤 상황이 되어야 하는 것일까요?

영수 민규야, 퀴즈를 내볼게. 지금까지 설명해 준 방법으로 채권
으로 돈 버는 방법이 뭐 있을까?

민규 채권을 매수 후 금리가 오르든 말든 신경 쓰지 않고 만기일
까지 보유하기!

영수 맞아! 최초 발행 시 매수하던, 중간에 매수하던, 보유하고
있으면 꼬박꼬박 이자가 들어오지. 자 그럼 다음 방법은?

민규 금리가 인하될 때 보유하고 있는 채권 팔기.

영수 맞아! 시장금리가 11% 일 때 채권을 샀다고 쳐, 1년 뒤 금리
가 빠져서 채권 가격이 올랐을 때 팔면 수익을 낼 수 있지.

민규 근데 금리가 빠질 때만 해당되잖아? 금리가 오르면 채권 들
고 있으면 손해 보는 거 아니야?

영수 무슨 걱정이야? 만기까지 보유하면 적어도 마이너스 수익
률은 안 나지! 다만 급전이 필요해서 팔면 마이너스가 수익
률이 날 수도 있겠지. 민규 네가 채권을 보유하고 있는데,
금리가 오르면 계좌의 '평가수익'은 마이너스가 될 수 있어.
그 상태에서 채권을 팔면 '평가수익'이 '확정손익'이 되는
것이고, 만기까지 보유하게 되면 결국 수익이 나. 마지막으
로 채권 투자 전략 하나 더 있는데 알려줄게.

잔존만기가 다른 채권

만약 만기일자는 다르고, 기타 조건은 동일한 채권들의 가격은 어떨까요? 우선 액면 100원, 매매수익률 10%, 표면금리는 5%, 시장금리가 10%인 상황에서 만기 3년짜리 채권과 만기 5년짜리 채권을 비교해보겠습니다.

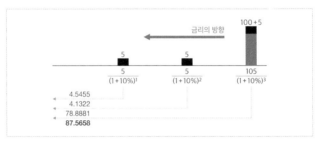

만기 3년짜리 채권

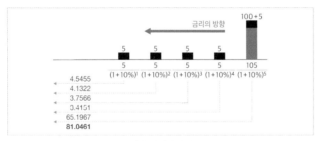

만기 5년짜리 채권

만기 3년 채권의 현재가치(채권 가격)은 87.5인데, 만기 5년 채권의 가격은 81.04입니다. 만기 5년 채권의 가격이 더 저렴합니다. 시장금리는 10%인데, 표면금리는 5% 밖에 안되니 만기가 긴 채권은 들고 있을수록 이자 부분에서 손해를 봅니다. 손해를 보는 시간이 길기 때문에 가격이 더 많이 하락하는 것입니다.

시장금리가 상승할 때, 만기가 다른 2개의 채권 중 만기가 더 긴 채권의 가격이 더 많이 하락했습니다. 채권의 잔존 기간이 길수록, 동일한 금리 변동에 대한 가격 변동성이 커집니다. 그렇기 때문에 펀드매니저들은 금리인상이 예상될 때(채권 가격이 빠질 때)는 가격 변동에 덜 민감한 단기 채권을, 반대로 금리 인하가 예상될 때(채권 가격이 오를 때)는 가격 변동에 민감한 장기 채권을 편입하는 것입니다.

회사채:
국채와 무엇이 다를까요?

국채와 회사채가 다른 점은 발행주체의 신용도에 있습니다. 일반적으로 국가가 망하지 않을 것이라고 생각합니다. 미국 정부가 발행한 미국 국채를 무위험자산이라고도 부릅니다.

반면 기업은 부도로 망할 수 있습니다. 그래서 기업이 발행한 차용증, 즉 회사채는 회사의 신용도가 반영됩니다. 이 신용도 때문에 회사채 가격이 주식 가격처럼 움직일 때가 있습니다.

회사채 등급

신용평가 회사에서는 나름의 기준을 가지고 투자등급을 나눕니다. 크게 투자적격, 투자비적격(투기) 등급으로 나누는데, 투기등급 채권을 고수익채권 또는 하이일드High Yield라고도 부릅니다.

무디스, S&P, Fitch는 대표적인 글로벌 신용정보/신용평가 회사입니다. 국가의 신용도도 평가하는, 매우 막강한 힘을 가진 업체이기도 합니다. 다음은 3사의 등급표이

구분	Moody's	S&P	Fitch
Prime	Aaa	AAA	AAA
High Grade	Aa1	AA+	AA+
	Aa2	AA	AA
	Aa3	AA-	AA-
Upper Medium Grade	A1	A+	A+
	A2	A	A
	A3	A-	A-
Lower Medium Grade	Baa1	BBB+	BBB+
	Baa2	BBB	BBB
	Baa3	BBB-	BBB-

회사채 등급: Investment Grade(IG)

구분	Moody's	S&P	Fitch
Non-investment Grade	Ba1	BB+	BB+
	Ba2	BB	BB
	Ba3	BB–	BB–
High Speculative	B1	B+	B+
	B2	B	B
	B3	B–	B–
Substantial Risk	Caa1	CCC+	CCC
Extremely Speculative	Caa2	CCC	
Default Imminent	Caa3	CCC–	
	Ca	CC	CC
	C	C	C
Default		D	D

회사채 등급: Speculative (High Yield)

고, 참고로만 보시면 됩니다. 통상적으로 등급이 높은 기업일수록 재무 상황이 탄탄한 기업입니다. 부도날 확률이 낮기 안정적인 투자저가 될 수 있지만, 반대로 수익성은 떨어질 수 있습니다.

우리가 은행에서 대출을 받을 때, 신용도가 높을수록 낮은 금리를 적용 받습니다. 이는 기업도 마찬가지입니다. 신용도가 높을수록 낮은 금리를, 신용도가 낮을수록 높은 금리를 요구받게 됩니다. 통상 국고채 수익률이 기준이고, 국고채+α로 가산합니다. 다음과 같이 말이지요. 이 가산 금리를 스프레드라고 합니다.

예를 들어 1년만기 국고채 금리는 0.90%인데 AAA등급 회사채 1년 금리는 1.12%입니다. 즉, 스프레드는 1.12%-0.90%=0.22%입니다.

구분	1Y	3Y	5Y	10Y
국고채	0.90	1. 29	1.68	2.07
특수채	1.10	1.42	1.87	2.16
회사채 AAA	1.12	1.52	1.95	2.27
회사채 AA+	1.14	1.58	2.00	2.55
회사채 AA	1.17	1.60	2.05	2.93
회사채 AA-	1.19	1.63	2.15	3.28
회사채 A+	1.41	1.84	2.57	3.73
회사채 A	1.59	2.12	3.00	4.19
회사채 A-	1.85	2.56	3.58	4.70
회사채 BBB+	3.39	5.21	5.75	6.37

신용도에 따라 달라지는 금리(2021년 6월 기준)

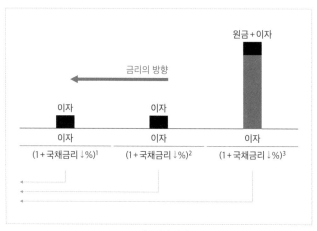

국채금리의 방향

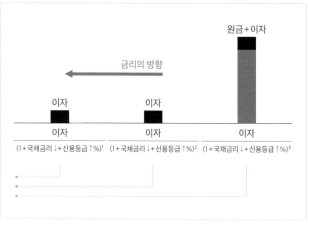

회사채금리의 방향

국채금리와 따로 노는 신용등급!

회사채의 금리는 국채금리와 회사의 신용등급이 반영된 스프레드가 포함되어 있습니다. 문제는 금융위기가 발생하면 국채금리와 스프레드는 반대로 움직이는 경향이 있습니다. 경제위기나 금융위기가 발생하면 정부에서 완화적인 통화정책을 펼치는데, 대표적으로 기준금리를 인하합니다. 그래서 국채금리도 동반 인하됩니다. 그러나 기업 신용도는 악화되어 돈을 빌릴 때 더 높은 금리를 요구받게 됩니다.

여기서 첫 번째 그림은 국채, 두 번째는 회사채를 나타냅니다. 금융위기가 터져 국채의 분모값이 국채금리가 하락하면 국채 가격은 오르게 됩니다.

금융위기 시 국채금리 회사채의 분모값 중 국채금리는 하락하지만 스프레드는 상승합니다. 국채금리 하락분과 스프레드 상승분 중 어느 것이 더 클까요? 다음 그래프를 보면 알 수 있습니다. 특히 2008년 금융위기와 2020년 코로나 시기를 살펴보시면 스프레드가 크게 상승했습니다. 2020년 글로벌 고수익채권의 스프레드는 1,200bp, 12%나 올랐는데 하이일드 채권 보유자는 매도 시 평균적으로 12% 할인해야 거래가 됐다는 뜻입니다.

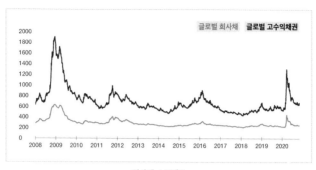

회사채 스프레드

다음은 테슬라와 소프트뱅크의 회사채 가격입니다. 코로나19가 한창 창궐했던 2020년 3월쯤 가격이 약 20% 하락했습니다.

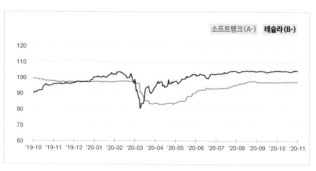

테슬라와 소프트뱅크의 회사채

이렇게 보니, 기대수익률은 주식보다 못하고, 금융 위기에는 채권보다 방어 능력이 떨어지는데 왜 회사채에 투자할까요? 회사채는 주식과 국채의 중간 성격을 가진 자산으로, 주식처럼 기업의 펀더멘털과 강하게 연동되어 있습니다. 기업이 부도나면 채권 보유자의 권리가 주식 보유자의 권리보다 우선이기 때문에 회사채의 변동성은 당연히 주식의 변동성보다 낮습니다. 즉, 장기적으로 회사채는 주식과 비슷한 수익률을 보이면서 위험도는 주식의 절반 수준입니다.

다음은 미국 S&P500지수(주식) 수익률과 하이일드 채권 지수의 장기수익률 변동성을 비교한 그래프입니다.

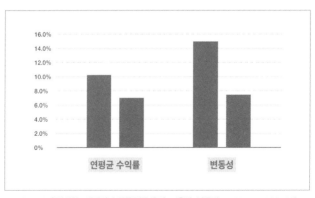

S&P500과 하이일드채권의 수익률 변동성 비교(출처: 블룸버그, 1994.01~2021.02)

하이일드채권 투자하는 것이 주식에 투자하는 것보다 동일한 위험대비 더 높은 수익을 올릴 수 있는, 효율이 더 높은 투자처가 될 수 있습니다.

채권, 채권형 금융상품 투자의 의미

개인투자자들에게 채권투자는 주식투자에 비해 상대적으로 생소할 것입니다. 우선 채권을 직접 투자하기 어렵기도 하고, 일반적으로 주식 투자의 수익률이 채권 투자의 수익률보다 훨씬 매력적이기 때문이지요.

그럼에도 채권이 자산관리에 필요한 이유는 채권은 리스크가 높은 주식형 자산의 가치하락을 보완하는 효과가 있기 때문입니다. 주식과 채권을 '섞어서' 투자 효율을 높일 수 있습니다. 이 부분은 추후 자산배분 파트에서 자세히 설명하겠습니다.

주식:
매력적이면서도, 어려운 것

개인투자자들이 가장 접근하기 쉬우면서도 가장 어려운 투자가 바로 주식투자가 아닌가 싶습니다. 리스크가 크긴 하지만, 그만큼 기대수익률도 높기 때문입니다.

주식은 기업의 가치에 투자를 하며 기업의 성장을 돕고, 그 회사의 주인이 되어 수익을 함께 가져가는 투자입니다. 그렇기 때문에 매력적인 기업을 찾아 투자해두면, 기대보다 큰 수익을 얻을 수도 있습니다. 하지만 그 반대로 투자한 기업이 생각보다 실적이 좋지 않거나 미처 보지 못한 위험 때문에 돈을 잃기도 합니다.

제 주변에도 막연한 감을 맹신하거나 뉴스를 보고 투자를 하는 지인들이 꽤 있습니다. 저를 간혹 귀찮게 하면서 이것저것 많이 물어보기도 하고요. 저는 이 부분을 금융이 전공이 아닌 친구들과 소통하면서 "이 정도는 알고 투자했으면 좋겠다"하는 내용을 정리했습니다. 조금은 지루할 수도 있고 어려울 수도 있어요. 그러나 주식은 쉽게 생각하다간 큰 손실을 볼 수 있는 자산입니다. 조금만 인내해서 읽어주시길 부탁드립니다.

민규 형, 기업이 주식을 발행하는 이유가 투자금 유치라고 하는데, 내가 지금 증권사 MTS로 삼성전자 100만 원어치 투자하면, 그 돈이 삼성전자에 가는 거야?

영수 아니 그렇지 않지. 제3자한테 가지.

민규 이해가 잘 안되는데?

영수 네가 진욱이랑 사업을 한다고 가정하자. 너는 지분 70%를 갖고 있고 진욱이는 지분 30% 보유하고 있어. 근데 진욱이가 급전이 필요해서 제3자인 종민이한테 보유하고 있던 지분 10%를 팔았어. 너의 사업체, 즉 기업 입장에서 신규자금이 들어온 것은 아니야. 그냥 주주명부에 종민이만 들어오면 되는 거야. 사업해서 이익이 생기면, 민규 너는 70%, 진욱이 20%, 종민이 10%, 즉 지분율만큼 나누면 되는 거지. 그것 말고 너는 그냥 너의 사업을 계속 꾸려가면 되는 거야.

민규 그러니까 내가 삼성전자를 8만 원에 팔든, 10만 원에 팔든, 시장 안에서 삼성전자 주식이 유통되는 것일 뿐, 삼성전자에 직접적으로 자금이 입금되는 게 아니네!

영수 맞아! 그런데 기업에서 기존 주식 말고, 추가로 주식을 발행에서 주주를 모집할 수 있어. 아까 이야기한 예를 활용해서, 민규 네가 하고 있는 사업체의 주주는 너, 진욱이 그리고 종민이잖아? 네가 사업 확장을 위해 추가로 탁종이형한테 투자를 받았어. 회사 입장에서는 신규자금이 들어온 대신, 투자자는 너, 진욱이, 종민이, 그리고 탁종이형 총 4명이 되는 거지.

주식이란? 회사의 지분을 사는 것!

주식을 사는 것은 회사 일부를 사는 것이자, 그 회사의 주주, 즉 주인이 되는 것입니다. 기업의 입장에서는 주식을 통해 생산 활동에 필요한 자금을 확보합니다. 만약 기업이 추가로 자금이 필요하면 새로운 주주를 모집할 수 있습니다. 즉, 신규주식을 추가로 발행하는 것이지요.

예를 들어보겠습니다. 모 기업이 자본금 50억 원으로 설립하면서 액면 100원짜리 주식을 5,000만 주를 발행합니다. 만약 A라는 사람이 10억 원을 출자했다면, 1,000만 주를 보유하게 되며 지분율은 20%가 됩니다. 그 기업이 몇 년 후 사업자금을 추가로 모집해 B라는 사람으로부터 자본금 10억 원을 받고 추가로 액면 100원짜리 주식을 추가로 1,000만 주를 발행했다고 합니다. 이를 유상증자라고 하는데요, 주주 명부에 B라는 사람이 새로 들어오게 됩니다. A라는 사람의 보유 주수는 동일하지만 지분율은 20%(1,000만 주÷5,000만 주)에서 16%(1,000만 주÷6,000만 주)로 감소하게 됩니다.

기업의 주주가 된다는 것은 단순히 그 주식을 보유하는 것에 그치는 것이 아닙니다. 기껏 기업에 투자했는데,

아무런 목소리도 낼 수 없다면 아쉽겠죠. 주주에게는 크게 3가지 권리가 있습니다.

1) 주주총회 의결권

주주총회에서는 이사선임, 재무제표 승인, 이익배당 등의 안건을 결의합니다. 주주라면 누구나 참석할 수 있습니다. 실제로 2017년, 12세 소년이 삼성전자 주주총회에 참석해서 화제가 된 적이 있습니다.

과거에는 일반 개인투자자, 소액투자자들은 주총에서의 영향력이 미미했습니다. 그러나 개인투자자들의 높아진 교육수준, 경험 그리고 전자투표제도 도입 등으로 목소리를 높일 수 있게 되었습니다. 물론 개인투자자들의 투표가 직접적으로 주가에 영향을 미치지는 않습니다. 기업 의사결정에 적극적으로 영향력을 행사하는 것을 '주주행동주의'라고 합니다. 주주로서 적극적으로 목소리를 내어 기업 경영자들이 주주친화적 정책을 내도록 합시나.

실제로 기업분할 논란이 일자, 개인투자자들을 달래기 위해 현금배당을 늘린 기업도 있었습니다. 또한 모 바이오 기업이 연구개발비보다 많은 자금을 금융상품에 투

자한 것으로 알려지자, 소액투자자들이 기업에 책임을
묻기도 했습니다.

2) 배당을 받을 수 있는 권리

기업 경영의 결실은 이익을 내는 것이고, 그 이익을
주인인 주주에게 돌려주는 것이 기본적인 주주가치 실현
입니다. 이익을 배당 받을 수 있는 권리를 배당이익청구
권이라고 하는데, 주주의 가장 기본적인 권리입니다.

거래소에 상장된 기업들의 주식은 매일 거래되기 때
문에 주주 또한 수시로 바뀝니다. 그래서 주주라고 해
서 모두 다 배당을 받을 수 있는 것이 아니라 배당기준
일에 해당 기업의 주식을 보유해야 배당금을 받을 수 있
습니다. 우리나라 대부분의 기업은 12월 결산기업입니
다. 우리나라 12월 31일은 주식시장이 열리지 않기 때문
에 12월 30일 전에 주식을 보유해야 합니다. 12월 30일
단 하루를 보유해도 배당금을 받을 수 있습니다. 다만, 우
리나라 예탁결제제도가 D+2영업일을 채택하고 있어 주
식을 사면 2영업일 후에 실제 주식이 계좌로 입고됩니다.
그러므로 2020년의 경우 12월 28일에는 주식을 사야 배
당금을 받을 수 있습니다.

미국주식 투자를 하게 되면 배당기준일과 함께 Ex-dividend date라는 단어를 많이 보시게 될 겁니다. 그 전날까지 매수하면 배당을 받을 수 있는 배당락일을 뜻합니다. 우리나라는 대부분의 기업이 12월 말일이 배당기준일이라 헷갈릴 일이 거의 없으나 미국 기업의 경우 배당 시기, 주기도 다 다르기 때문에 배당 관련 정보나 자료는 투자자의 편의를 위해 배당락일을 우선시해서 표기합니다.

3) 주식을 사고 팔 수 있는 권리

주식은 공동으로 출자한 기업의 이익을 나누는 배당금을 지급하기 위해서 만들어진 개념입니다. 주식을 거래하는 것은 주식거래소에서 이 권리를 사고파는 것이지요. 일반 투자자에게 가장 중요한 관심사이기도 합니다.

경제직 특징으로 주식 구분하기

1) 스타일: 가치주, 성장주

증권가에서 주식을 나누는 기준 중 가장 많이 애용하는 방법이 가치주와 성장주로 나누는 방법입니다. 둘을 나누는 기준이 무엇인지 살펴보겠습니다.

성장주란, 현재의 수익보다는 미래의 높은 수익이 기대되는 기업, 즉 높은 성장율이 기대되는 기업의 주식을 일컫습니다. 통상 높은 PER(PER의 개념은 다음 장에서 다루겠습니다)를 가지고 있습니다. 성장주들이 금융위기 때 가격이 절반으로 떨어지면 가치주가 되지 않으냐 반문하는 분들도 있는데요, 금융위기 때는 모든 자산들이 하락하기 때문에 성장주, 가치주는 상대적인 개념이라고 생각하면 됩니다.

가치주란, 현재 기업의 실적이나 자산에 비해 기업가치가 상대적으로 저평가되어 있어 낮은 가격에 거래되고 있는 주식을 말합니다. 가치주, 성장주 구분은 절대적인 방법으로 구분하는 것이 아니기 때문에 개인마다, 관점에 따라 가치와 성장에 대한 평가는 다를 수도 있습니다. 다만 시장에서는 통상적으로 고수익이 기대하는 종목보다 안정적인 성장세를 바탕으로 장기적인 수익이 기대되는 종목을 가치주라고 부릅니다. 가치주 투자자들은 이익 전망이 개선될 가능성이 높은 주식을 찾고, 성장주 투자자들은 이익 모멘텀(전년대비 증가율)이 상승하는 주식을 찾곤 합니다.

2) 경기사이클: 경기민감주/경기방어주

경기사이클을 이용한 투자 방법이란, 경기는 회복, 확장, 둔화, 후퇴 주기로 움직이므로 현재 경기 국면에 적절한 업종에 투자하는 것이 기본 골자입니다.

이러한 경제국면을 파악해 투자 아이디어를 얻을 수 있습니다. 가장 대표적인 것이 경기민감주와 경기방어주를 구분하는 것입니다. 경기방어주에는 경기가 어려워도 소비를 줄이기 어려운 음식료, 전기, 가스, 의약품 업종들이 속해있습니다. 반대로 경기민감주는 경기의 영향을 많이 받는 정유, 철강, 건설, 여행 등의 업종들이 있습니다. 다음은 미국의 금융 회사 피델리티Fidelity에서 2020년 정리한 경기 국면별 주요 산업 섹터의 상대적인 움직임과 패턴입니다.

섹터	회복	확장	둔화	후퇴
금융	+			
부동산	++			--
경기소비재	++	-	-	
정보기술	+	+	--	--
산업재	++			--
소재	+	--	++	
필수소비재			++	++
헬스케어	--		++	++
에너지	--		++	
통신 서비스		+		-
유틸리티 (전기, 가스, 수도)	--	-	+	++

주식 시장 역시 경기의 영향을 많이 받게 됩니다

민규 형, 이 그래프는 지금까지 형이 알려준 내용 중에 가장 도움이 되는 것 같은데?

영수 왜?

민규 경기 회복기에는 금융, 정보기술, 산업재 업종에 투자했다가, 반대로 둔화할 때는 유틸리티, 필수소비재 업종에 투자하면 된다는 거 아니야?

영수 아이쿠! 참고만 해야지. 이론적인 내용이라 현실에 꼭 저렇게 다 맞아 들면, 누구나 다 쉽게 돈 벌겠지! 이 내용은 절대적인 것이 아니고, 여러 가지 경제 변수들에 따라 다르게 흘러갈 수도 있어! 그리고 국면기도 무 자르듯이 구분할 수 없는데 기계적으로 접근하다가 큰 코 다친다! 그리고 같은 의료 기업이더라도 비즈니스 모델이 다르면 완전히 다르게 움직일 수 있어. 예를 들어, 신약 개발에 집중하는 기업은 변동성이 높겠지? 그러나 특허가 만료된 복제약이나 감기약 위주로 사업하는 기업은 의료 기업보다는 필수소비재 같은 기업처럼 움직이겠지? 아무튼 이 내용은 전술적 자산배분을 할 때 사용할 수 있을 것 같아.

민규 전술적 자산배분?

영수 전술적 자산배분은 주식 이야기를 다 끝내고 설명해줄게.

주식 가격

여러분, 혹시 주식 가격이 왜 올랐는지 설명해주는 경제 기사를 보신적이 있나요? 전일 미국장이 올라서, 매출이 잘 나와서, 이익이 예상보다 잘 나와서 등등 이유를 설명하지만 왜 하필 그 가격인지는 설명하지 않습니다.

모 기업의 매출이 전년대비 50% 증가했다고 발표했다고 합시다. 다음 날 주가가 오르는 것은 분명합니다만, 얼마나 오를까요? 현 수준보다 50% 올라야 할까요? 증권가 애널리스트들은 어떤 근거로 기업의 주가를 예측하는 것일까요? 이를 알기 위해서는 우선 할인현금흐름법을 알아야 합니다.

할인현금흐름법은 이름부터 조금 어렵게 느껴집니다. 그러나 개념 자체는 채권 파트에서 이미 다뤘습니다. 할인현금흐름법은 이론적으로 모든 금융상품에 적용할 수 있는 가격을 계산하는 방법입니다. 무슨 방법인지는 이름에서 힌트를 얻을 수 있는데요, 말 그대로 미래의 '현금흐름'을 시장금리로 할인하는 방법입니다. 채권과 주식을 비교하면서 설명하겠습니다.

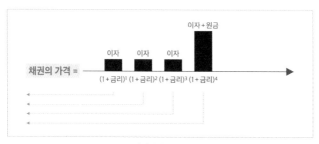

채권의 현금흐름

먼저 채권의 현금흐름부터 복습해봅시다. 채권의 현금흐름으로 원금과 이자가 있습니다. 원금과 이자를 현재 시장금리로 나누면, 즉 할인하면 현재의 채권 가격을 구할 수 있습니다. 채권 파트에서 이미 살펴본 내용입니다.

주식의 현금흐름

주식도 같은 논리를 적용합니다. 주식에서 발생하는 현금흐름에는 배당, 또는 매년 버는 순이익 등이 있습니다. 이러한 현금흐름을 일정한 금리로 할인하면 현재의 주가를 구할 수 있는 것입니다. 채권의 경우 만기가 정해져 있습니다만, 기업은 영속적으로 존재한다는 가정하에 계산합니다. 주식의 가격을 계산하는 식을 자세히 보시면 n년까지의 순이익, 즉 무한대까지라고 할 수 있습니다. 그래서 이를 계산하기 위해 수학에서 기하급수의 개념을 빌려옵니다.

이 방식으로 계산하기 위해서는 할인율을 포함한 여러 가지 변수들에 대한 추정이 필요하므로 직접 구할 필요는 없습니다. 그냥 '이런 논리가 있구나' 정도로 이해하시고 넘어가시면 됩니다. 게다가 할인율은 구하는 사람마다 다를 수 있습니다. 추정이 필요한 계산에는 정답이 없습니다. 재무학은 정교한 로켓 과학 분야가 절대로 아닙니다. 로켓은 연료 주입량, 온도, 발사 각도에서 약간의 오차만 있어도 큰 문제로 이어질 수 있겠지만 재무학은 그렇지 않습니다. 전문가들 역시 예측이 벗어나는 경우는 일상다반사입니다.

금리와 주가의 관계:
금리가 오르면 주가는 어떻게 될까?

채권 파트에서 금리와 채권 가격은 반대방향으로 움직인다고 배웠습니다. 이를 간단한 수학 관점에서 생각해봅시다.

$$채권 = \frac{x(고정값)}{금리(변수)} \quad ; \quad 주식 = \frac{y(변수)}{금리(변수)}$$

채권의 분자(원금과 이자)는 고정 값이고 분모만 변수입니다. 그래서 분모(금리)가 오르면 채권 가격은 내려가고, 분모(금리)가 내려가면 채권 가격은 오릅니다.

주식은 어떨까요? 주식은 분자(이익), 분모(금리) 모두 시장상황에 값이 변동되는 변수입니다. 그렇기 때문에 주식은 채권보다 예측이 어렵고 변동성이 높다고 볼 수 있습니다. 만약 금리가 오르면 주가는 어떻게 될까요? 정답은 아무도 모릅니다. 금리가 오르면 할인율도 오르기 마련입니다. 분모값이 오르면 주식 가격에 부정적으로 작용합니다. 그렇다면 금리가 오르면 분자값인 회사의 이익은 어떻게 될까요? 통상적으로 경기가 좋아지면, 금리가 오릅니다. 그래서 회사가 벌어들이는 이익도 늘어나게 되는 것이지요.

정리하면, 금리가 오르면 주식 계산식의 분모와 분자 다 같이 오를 확률이 높습니다. 분자가 오르면, 주가의 상승요인으로 작용하고, 분모가 오르면 주가의 하락요인으로 작용하지요. 그렇기 때문에 주가는 예측하기 매우 어렵습니다.

민규 형, 아까부터 계속 모른다, 어렵다. 너무 무책임한 결론 아니야? 그래도 나 같은 재테크 초보한테 최소한 가이드라인이라도 쥐야하지 않겠어?

영수 단순히 "금리가 하락하면 자산 가격이 상승하고, 금리가 상승하면 자산 가격이 하락하겠지"라고 생각하지 말고, 왜 금리가 오르고 내렸는지, 경기회복에 따른 금리 상승인지, 분석해볼 필요가 있다는 거야. 뉴스 몇 개 뽑아 왔는데 제목 뉘앙스를 볼래?

이투데이

금리 인상 신호는 아직인데...걱정부터 앞선 증시

하지만 경제성장률 전망치가 4%로 나오면서 경기회복에 따른 조기 금리인상
을 우려하며 증시도 예측불허의 안갯 속을 향해 가고 있다.

1주 전

조선비즈

뉴욕증시, 소비자물가 오르자 급락...나스닥 2%↓ - 조선비즈

향후 5년간 시장이 기대하는 인플레이션인 5년물 BER(breakeven rate:명목 국
채 금리-물가연동국채 금리)는 2.767%로, 2011년 이후 가장 높은 수준 ...

3주 전

부정적인 뉘앙스의 기사들

서울신문

'저금리 터널' 끝?... 주식 늘리고 리츠·金 담아라

PB팀장은 2일 "보통 금리 회복은 경기 회복이 뒷받
침될 때 나오는 정책"이라면서 "당장은 시장이 조정받아도 중장기적 ...

2일 전

조선일보

백신 접종, 경기회복 기대감... "코스피 올해 3300~3700까지
갈 것" - 조선일보

대부분 물가·금리 상승의 부담을 기업의 이익 증가가 이겨낼 것이라고 평가한
... 인플레이션 기저 효과 소멸, 미국을 제외한 나머지 국가의 경기 회복, ...

3일 전

긍정적인 뉘앙스의 기사들

민규 제목과 요약을 살펴보니, 위의 기사에는 금리 인상과 인플레이션에 대한 걱정이 담겨 있고, 아래에는 반대로 기대감이 담겨있네?

영수 2021년 상반기 금융시장의 이슈는 경기회복으로 인한 인플레이션과 금리 인상인데, 주식 가격 공식에서 분모값의 변동분이 더 크냐, 분자값의 변동폭이 더 크냐에 따른 의견이 갈리는 것이지.

내가 왜 모른다고 하는지 알겠지? 애널리스트들이 쓴 글이나 리포트를 보면 결론을 시원하게 표현하지 않고 상당히 조심스럽게 작성하거든. 그래서 일반 투자자들이 리포트를 읽다가 "결론이 뭐야?"라고 답답해하는 경우를 종종 보게 되는데, 너무 노여워하지 않았으면 좋겠어.

아무튼 투자자라면, 뉴스를 보고 생각을 정리하는 것도 좋은 습관이야. 금리가 오른다는 뉴스를 접하게 되면, 어떤 요인으로 인해 금리가 올랐는지, 그리고 주식시장에 어떻게 작용할 지 고민해야지. 전문가들 의견도 참고하되 너무 맹목적으로 믿을 필요는 없고. 당연한 이야기지만, 전문가들도 서로 의견들이 갈리니까.

PER

주식 공부를 하게 되면 PER라는 용어를 어렵지 않게 접하게 됩니다. 또한 PER가 낮은 주식에 투자하라는 조언도 한번쯤은 들어보셨을 겁니다. 여기서는 PER의 정확한 의미와, 전문가들이 PER을 이용해서 어떻게 주가를 예측하는지 살펴보겠습니다.

P/E 또는 PER^Price Earnings Ratio는 현재 주가를 주당순이익으로 나눈 값입니다. PER를 주가수익비율이라고 하는데요, 기업이 벌고 있는 이익 대비 가격이 저/고평가되고 있는지 판단할 수 있는 지표입니다.

$$PER = \frac{PRICE(주가)}{EARNING(주당순이익)}$$

모 기업이 1,000억 원의 순이익을 기록했다고 합시다. 그리고 발행한 주식이 총 1억 주라면, 이 주식의 주당순이익은 1,000억 원÷1억 원=1,000원이 되겠네요.

주가가 5,000원이고, 주당순이익이 1,000원이 되는 기업의 PER는 5배가 됩니다. 주당 매년 1,000원을 버니, 5년을 보유해야 본전인 5,000원이 된다는 뜻입니다. PER가 20이면, 20년을 보유해야 본전이 된다는 뜻입니다. PER가 높을수록 주식이 비싸다는 의미입니다.

다른 예를 들어보겠습니다. 만약 연 2억 원의 이익을 내는 카페를 인수하려고 한다면, 카페주인에게 인수비용으로 20억 원을 지불하는 것이 저렴할까요? 아니면 50억 원을 지불하는 게 저렴할까요? 당연히 낮은 가격인 20억 원을 지불하는 것이 유리합니다. PER 공식을 대입해봅시다. 20억 원에 인수하게 되면 PER는 10배, 50억 원으로 인수하면 25배가 됩니다.

단, PER는 상대적인 값이지 절대적인 값이 아니라는 것은 유의해야 합니다. 제가 동네 카페를 인수하는데 PER를 10배 적용했다고 해서 다른 업종에도 동일하게 10배를 적용할 수 없습니다. 게임회사를 인수하게 된다면, 카페보다 높은 수익성과 성장성이 기대되므로 20배를 적용해도 근거가 있는 선택이 됩니다. 또한 동일한 카페라도, 투자자마다 시각이 다르므로 지불할 수 있는 인수 또는 PER가 다를 수 있습니다. 어떤 투자자는 10배 PER를 적용하면 적당하다고 생각할 수 있지만 다른 투자자는 15배를 적용해도 고민할 수 있지요.

　PER에 대한 이해는 어느 정도 되셨나요? 이 PER로 주가를 예상하는 방법이 있습니다. 이제 PER 공식을 다음과 같이 바꾸어 봅시다.

$$PER = \frac{주가}{주당\ 당기순이익}$$

$$\longrightarrow \quad 주가 = PER \times 주당\ 당기순이익$$

$$\longrightarrow \quad 2022년\ 예상주가 = PER \times 2022년\ 주당\ 당기순이익$$

　2022년 예상주가는 2022년의 예상되는 이익과 PER를 곱하면 구할 수 있습니다. 기업의 예상 실적은 증권사 애널리스트들이 구합니다. 그분들의 역할 중 하나가 미래의 당기순이익값을 추정하는 것이지요. PER은 과거의 PER을 이용하거나 일정한 논리를 적용해서 구할 수 있습니다. 직접 예시를 살펴보겠습니다.

　다음은 2021년 3월 8일 신한금융투자에서 발간한 '스튜디오드래곤'이라는 기업 리포트를 일부 내용입니다.

12월 결산	2018	2019	2020F	2021F	2022F
매출액(십억 원)	379.6	468.7	525.5	622.1	677.2
영업이익(십억 원)	39.9	28.7	49.1	57.2	71.8
세전이익(십억 원)	45.6	33.1	49.1	57.2	71.8
순이익(십억 원)	35.8	26.4	35.1	44.6	56
EPS(원)	1,278	941	1,249	1,589	1,993
증가율(%)	21.7	-26.3	32.6	27.36	25.4
BPS(원)	14,305	15,242	21,687	23,276	25,269
PER(배)	72.3	85.9	74.2	60.7	48.4
EV/EBITDA(배)	21.1	14.9	19.2	18.5	16.1
PBR(배)	6.5	5.3	4.3	4.1	3.8
ROE(%)	9.3	6.4	6.8	7.1	8.2
순차입금비율(%)	-39.2	-24.9	-14.1	-17.6	-21.5

스튜디오드래곤의 주요 재무지표

이 리포트에서는 스튜디오드래곤의 목표주가를 127,000원으로 발표했습니다. 3월 5일 기준 주가가 96,400원이니, 현재 주가수준 대비 약 32%의 상승여력이 있다고 의미입니다. 이 수치가 어떤 근거로 산출됐는지, 주가 = PER × 당기순이익 공식을 생각하면서 살펴봅시다.

리포트에서 주요 재무지표를 표로 정리해 보았습니다. '2021F'의 'F'는 예상치라는 뜻입니다. EPS는 Earnings Per Share의 약자로 주당 당기순이익을 의미하고, PER 공식에서 Earning 값이기도 합니다. 이 리포트를 작성한 애널리스트는 스튜디오드래곤의 2021년 주당순이익(EPS) 값을 1,589원으로 예상하고 있습니다.

PER는 어떤 값을 사용했을까요? 리포트를 살펴보니 3년 평균값인 73에 10%를 할증한 80을 적용했다는 것을 알 수 있습니다.

(배)	2017	2018	2019	3년 평균
PER 상단	77.4	96.6	105.1	93.1
PER 하단	52.7	45.4	54	50.7
PER 평균	60.3	75.9	82.9	73

스튜디오드래곤의 가치평가 추이

PER은 시장에 공개된 정보나 다름없습니다. 기업의 과거 주가, 순이익 값은 모두 공개된 정보입니다. 이를 조합하면 과거 3년 평균 PER, 2년 평균 PER, 해당 산업의 평균 PER 등의 수치는 어렵지 않게 계산할 수 있습니다.

애널리스트는 이 기업을 좋게 보아 3년치 PER에 10% 할증했습니다(73×110%=80).

주가=PER×EPS 식에 수치를 대입하면, 스튜디오드래곤 주당 가치는 1,589원×80배=127,120원이 됩니다. 이를 반올림한 127,000원이 최종 발표하는 목표주가가 됩니다.

2021년 EPS(원)	목표주가 (원)	Target PER(x)	현재주가 (원)	현재주가 PER
1,589	127,000	80	96,400	60.7

스튜디오드래곤 2021년 EPS 기준의 목표주가

보시다시피 목표주가는 현재 이익이 아니라 향후 이익 예상치를 기반으로 산출한 것입니다. 예상일뿐이니 당연히 빗나갈 수 있고, 새로운 정보와 이슈가 발생하면 그에 맞는 새로운 예상치를 발표하기도 합니다.

다시 강조하지만, 목표주가는 미래의 이익을 기반으로 산출한 가격입니다. 2022년 12월이 되면, 2023년의 이익을 예측해 또 새로운 목표주가를 산출하고, 2023년

일자	투자 의견	목표 주가 (원)	괴리율 (%) 평균	괴리율 (%) 최고/최저
2019년 02월 07일	매수	128,000	(27.6)	(23.2)
2019년 05월 10일	매수	120,000	(36.9)	(30.6)
2019년 06월 07일	매수	104,000	(35.8)	(29.0)
2019년 08월 09일	매수	85,000	(26.9)	(17.4)
2019년 09월 16일	매수	93,000	(24.5)	(13.9)
2019년 11월 08일	매수	100,000	(21.0)	(13.0)
2020년 05월 09일		6개월경과	(22.4)	(16.2)
2020년 06월 10일	매수	110,000	(23.0)	(15.9)
2020년 10월 06일	매수	120,000	(25.1)	(9.0)
2021년 03월 08일	매수	127,000	-	-

투자의견 및 목표주가 추이는 이렇게 나타납니다

이 되면 2024년의 이익을 예측해서 목표주가를 산출합니다.

물론 애널리스트들이 주가를 맞추는 경우가 없다고, 목표주가의 신뢰성에 의문을 갖는 사람들도 많습니다. 이는 목표주가의 의미를 오해해서 생긴 불신입니다. 목표주가는 그 숫자가 아니라, 추세와 산출 근거를 더 살펴봐야 합니다. 스튜디오드래곤의 투자의견은 항상 '매수'이지만, 실제 주가가 하락할 때 목표주가도 하락추세임을 확인할 수 있습니다.

민규 형, 미래라는 것은 정말 아무도 예상할 수 없는 것이니, 신의 영역 아니야? 미래의 예상 EPS를 기반으로 주가를 계산하는 방법은 당연히 문제가 있을 것 같아. 그리고 인간은 대체로 미래를 긍정적으로 보는 습성이 있잖아? 예상 EPS 역시 영향을 받지 않을까?

영수 논란의 여지는 있을 수 있다고는 인정해. 그러나 너의 지적을 받아들인다면 우리는 1차 산업시대로 돌아가야 해.

민규 아니, 이게 또 무슨 뚱딴지 같은 이야기야?

영수 미래의 예측값 기반으로 평가하지 않는다면, 남은 방법은 뭐야? 기업이 보유하고 있는 현금, 부동산, 원자재, 공장, 상품재고로만 평가할 수밖에 없어. 즉, 기업 장부를 바탕으로 기업가치 평가를 하는 것이 최선이지.

민규 그게 뭐 어때서? 장부에 있는 자산으로 기업을 평가하는 게 맞는 것 같은데? 그렇게 하면 기업을 고평가하거나 저평가하는 일도 없을 것 아니야?

영수 아니, 너 IT기업 다니는 거 맞아? 너희 회사 가치를 컴퓨터 개수로 평가할래? 회사 기술력, 소프트웨어 완성도 같은 것들도 반영해야지!

현금 창출 능력을 이용한 가치평가: 유대인이 발견한 혁신

앞서 현금흐름할인법, PER를 이용한 주가 계산 방법을 살펴보았습니다. 이제 알아볼 기업의 가치평가 방법은 기업의 현금/이익 창출 능력을 기반으로, 20세기 초 미국의 헨리 골드만과 필립 리먼이 고안한 방법입니다.

헨리 골드만은 골드만삭스 창업자의 아들이고, 필립 리먼 역시 리먼 브라더스 창업주의 아들입니다. 당시에는 기업의 가치평가는 기업이 보유하고 있는 원자재, 부동산, 공장 등의 가치 위주로 평가했습니다. 그러나 PER, 현금흐름할인법 등의 방법이 소개되면서 기업의 현금창출능력, 벌어들인 이익을 기반으로 평가를 할 수 있게 됐습니다. 그래서 자산은 부족하지만, 현금흐름 창출 능력이 우수한 소매판매업 기업들도 상장할 수 있는 기회를 얻었습니다. 나아가 지금은 적자를 보고 있지만, 향후에 큰 이익을 창출할 것으로 기대되는 혁신기업들도 투자를 받을 수 있는 길이 열리게 된 것입니다.

재무제표: 이 회사는 어떤 회사일까?

지금까지 주식을 다루면서 언급했던 PER, EPS는 재무제표에서 나오는 용어들입니다. 주식 투자는 곧 기업에 투자하는 것과 같고 기업의 정보는 재무제표에서 확인할 수 있습니다. 그래서 주식투자의 기본 중 하나는 재무제표를 이해하는 것입니다.

장기적으로 주가는 실적에 근거해서 움직입니다. 재무제표를 확인하면 해당 기업을 총체적으로 파악할 수 있고, 이를 기반으로 미래에 대한 힌트를 얻을 수 있다고 생각합니다.

회계정보는 숫자로 가득해서 막연한 두려울 수도 있습니다. 그러나 전혀 그럴 필요가 없다고 생각합니다. 재무제표를 검토하는 회계사라는 직업이, 소위 '사'가 들어가서 재무전공자가 아니면 접근하기 어렵다고 생각하는 분들이 있더라구요. 반은 맞고 반은 틀린 얘기입니다.

재무제표를 작성하는 데는 높은 전문성이 필요한 것은 사실입니다. 그러나 그것을 읽는 것은 누구나 할 수 있는 일입니다. 누구나 소설을 쓸 수 없어도, 누구나 읽을 수는 있듯이 말입니다.

재무제표는 수학이나 과학의 영역이 절대 아닙니다.

"기업정보를 어떻게 빠르고 효과적으로 전달할 수 있을까?"라는 고민 끝에 도출된 상호간의 약속입니다. 즉, 일종의 고도화된 정보 표기 방법입니다. 참고로, 여기서 저는 재무제표를 간단하게 소개 정도만 할 것입니다. 본격적으로 주식투자를 해보고 싶으신 분, 또는 재무제표에 흥미가 생기신 분들은 시중에 훌륭한 책들이 많이 있으니 꼭 읽어 보시기를 강력히 추천 드립니다.

재무제표는 조금은 흥미가 떨어지는 부분이 될 수 있습니다. 기본적으로 숫자가 많이 나오기 때문입니다. 그래서 최대한 간단하게 살펴볼 것입니다. 혹시 중간에 너무 어렵다 싶으면 다음 장으로 넘어가셔도 됩니다. 다른 부분은 몰라도 자산배분 파트는 꼭 읽어주셨으면 하거든요.

재무제표는 한 개의 표가 아니라 4개의 '표'와 주석으로 이뤄져 있습니다. 1)재무상태표, 2)손익계산서, 3)현금흐름표, 4)자본변동표 5)주석이 있지요. 목적은 기존 투자자, 잠재적 투자자 그리고 채권자에게 기업의 재무 성과 등의 정보 제공하기 위함입니다.

재무상태표

자산=자본+부채

이 공식은 회계학에서 가장 기본이 되는 공식입니다. 일반적으로 얘기할 때 자본과 자산은 동일한 의미로도 쓰이기도 합니다만, 회계에서는 엄연히 다른 개념입니다. 자산과 자본의 차이가 무엇인지 살펴봅시다.

자산	부채
향후 경제적 이익을 창출할 수 있는 자원	자본

오른쪽은 회사를 설립할 때의 돈의 출처를 기록하는 곳입니다. 남에게 빌린 돈인 부채와, 본인, 동업자, 주주의 돈인 자본을 기록합니다.

왼쪽은 부채와 자본을 어떻게 사용했는지, 즉 자금 운용을 기록합니다만, 원칙은 향후 경제적 이익을 창출할 수 있는 자원만 기록합니다. 예를 들어 회사에서 컴퓨터를 구매했다고 합시다. 컴퓨터는 향후에도 경제적 이익을 창출하기 때문에 회사 자산으로 잡고 기록을 합니다. 펜, 필기구 같은 비품은 경제적 이익을 창출하기 어렵기 때문에 비용 처리하고 자산으로 잡지 않습니다.

자산		부채	
유동자산	150	유동부채	100
현금 및 현금성자산	10	매입채무	10
단기금융상품	10	단기차입금	10
매출채권	30	미지급금	25
선급금	40	선수금	25
재고자산	60	미지급비용	20
비유동자산	250	충당부채	10
장기금융상품	20	비유동부채	200
종속기업, 관계기업 및 공동기업 투자	30	장기차입금	160
		장기미지급금	30
유형자산	70	장기충당부채	10
무형자산	130		
		자본	100
		자본금	50
		우선주자본금	20
		보통주자본금	30
		주식발행초과금	20
		이익잉여금	30

재무상태표

재무상태표는 이런 자산, 부채, 자본의 대표적인 계정으로 작성한 것입니다. 유동화하기 쉬운, 즉 현금화하기 쉬운 자산부터 나열합니다. 자세히 보면 자산, 부채+자본의 값이 각각 400억 원입니다. 만약에 이 두 값이 동일하지 않다면, 무언가 중대한 오류가 발생한 것입니다.

손익계산서

손익계산서는 작성 기간, 예를 들면 1년 동안 발생한 매출을 맨 위에 넣고 매출원가, 판매관리비 등을 빼면서

손익계산서	
매출액(수익)	100
매출원가	-60
매출총이익	40
판매관리비	-10
영업이익	30
금융수익/비용	4
기타수익/비용	-5
세전이익	21
법인세	-5
당기순이익	16

아래 방향으로 읽습니다

(단위: 백만 원)	제52기	제51기	제50기
수익(매출액)	166,311,191	154,772,859	170,381,870
매출원가	116,753,419	113,618,444	101,666,506
매출총이익	49,557,772	41,154,415	68,715,364
판매와 관리비	29,038,798	27,039,348	25,015,913
영업이익	20,518,974	14,115,067	43,699,451
기타수익	797,494	5,223,302	972,145
기타비용	857,242	678,565	504,562
금융수익	5,676,877	4,281,534	3,737,494
금융비용	5,684,180	3,908,869	3,505,673
법인세비용 차감전 순이익(손실)	20,451,923	19,032,469	44,398,855
법인세비용	4,836,905	3,679,146	11,583,728
계속영업이익(손실)	15,615,018	15,353,323	32,815,127
당기순이익(손실)	15,615,018	15,353,323	32,815,127
주당이익			
기본주당이익(손실)(단위:원)	2,299	2,260	4,830
희석주당이익(손실)(단위:원)	2,299	2,260	4,830

삼성전자의 손익계산서

마지막에 최종 당기순이익을 계산합니다. 매출액에서 매
출원가를 빼면 매출총이익, 매출총이익에서 판매관리비

를 빼면 영업이익, 영업이익에서 기타 수익/비용과 법인세를 납부하면 단기순이익 산출됩니다. 손익계산서의 화살표를 따라가면 기업의 최종 이익을 알 수 있는 것이지요. 숫자 앞에 +/− 부호가 있으면 일반 투자자들도 한눈에 이해할 수 있는데, 아쉽게도 실제 재무제표는 그렇게 친절하지 않습니다. 예시로 삼성전자의 손익계산서를 가져왔습니다. 숫자의 정확한 숫자보다는 각 수치의 의미를 생각하면서 공부하시길 바랍니다.

빵집 운영해보기

자금운용 (105)	자금출처 (105)
현금 10	단기대출 20
원재료 40	장기대출 30
빵기계 50	내돈 50

지금까지 배운 것을 생각하면서, 가상의 빵집을 차려보며 재무상태표의 변화를 살펴보겠습니다. 원래 가지고 있던 제 돈 50과 대출받은 돈 50으로 빵집을 차립니다. 100 중 50은 오븐, 40은 원재료로 구입했습니다. 이 활동을 재무상태표로 정리하면 다음과 같습니다.

일 년 동안 열심히 일하고, 12월이 되었습니다. 매출과 비용을 정산해 보니 5억 원의 이익금이 발생했습니다. 이 이익금은 어디로 갈까요? 당연히 회사에 귀속됩니다. 따로 기록하기 위해 자본에 이익잉여금이라는 계정을 새로 만듭니다. 그리고 왼쪽의 현금은 5억 원 증가합니다.

20X1. 12

자금운용 (105)	자금출처 (105)	손익계산서	
현금 10	단기대출 20	매출	50
원재료 40		알바월급	-30
	장기대출 30	대출이자	-10
		세금	-5
		이익금 5	
빵기계 50	내돈 50		
	이익잉여금 5		

131

재무상태표와 손익계산서의 차이점 중 하나는, 손익계산서는 매년 새로이 작성한다는 것입니다. 즉, 올해 정산하고 나면, 내년에 0부터 다시 시작하는 것이지요. 반면에 재무상태표는 그렇지 않습니다. 계정안에 숫자들이 초기화되지 않고 누적됩니다.

시간이 흘러 몇 년 더 빵집을 운영했습니다. 재무상태표를 살펴보니 이익잉여금이 더 증가했네요? 제가 투자한 돈(내 돈)이 50억 원에서 70억 원으로 늘어났는데 이는 제가 추가로 증자를 했기 때문입니다. 대출도 늘어났습니다. 이 돈으로 오븐을 추가로 도입하고, 또 여유가 되니 일부 현금을 금융자산에도 투자했습니다. 재무상태표를 작성할 때는 가장 유동화가 쉬운, 즉 현금화가 빠른 자산부터 현금화가 어려운 비유동자산 순으로 작성합니다.

여러분이 투자하시는 기업들은 이런 방식으로 재무상태를 반영합니다. 물론 제가 운영하는 빵집 외에 시장에 정말 많은 빵집들이 있습니다. 그 빵집들도 나름대로 재무상태표가 있고, 사장의 역량에 따라 상태가 가지 각색입니다. 빵집에 투자하려는 투자자 입장에서는 재무제표 하나 하나 다 살펴보는 것은 여간 고역이 아닐 수 없습

자금운용 (220)	자금출처 (220)
현금 15	단기대출 30
단기투자 15	장기대출 30
미리 만든 빵 40	채권발행 40
원재료 40	
빵기계1 40	내돈 70
빵기계2 70	이익잉여금 50

니다. 이 때 재무비율을 확인하면 투자자는 빠른 시간 안에 많은 정보를 확인할 수 있습니다.

재무비율

재무비율이란, 특정 기준에 따라 재무상태표와 손익계산서 등의 각 계정들을 조합해서 산출합니다. 대표적으로 수익성, 유동성, 안정성 비율 등이 있습니다. 각 기업의 재무비율을 산출해 기업 간 비교할 수 있고, 산업 평균 재무비율과 단일 기업을 비교하는 방법으로 기업분석을 할 수 있습니다.

주의할 점으로는 동일 산업 내의 기업 간 비교를 해야지, 반도체 기업과 인터넷 서비스 기업을 단순히 비교해서는 안 됩니다. 또한 같은 업종이라도 비즈니스 모델이 다르면 재무제표에 매출 및 실적이 다르게 반영될 수 있습니다. 예를 들어 이커머스 기업 중 직매입 비중이 높은 쿠○, 마켓○리와 입점 업체에게 플랫폼을 제공하고 중간에 수수료를 받는 티○, G○마켓의 재무제표와 재무비율이 같을 수는 없습니다. 애널리스트 및 투자자들은 이런 점을 감안하며 기업분석을 합니다.

1) 수익성

수익성은 기업의 이익창출 능력을 나타냅니다. 기업경영의 성과와 효율성을 측정하는 것이지요. 대표적인 5가지 지표를 살펴보겠습니다.

(1) 매출총이익률 Gross Profit Margin

기업이 판매하는 상품이나 서비스에서 원가를 제하고 이윤을 얼마나 남기는지 측정하는 지표입니다. 즉, 상품의 수익성을 나타내기도 합니다.

매출이 100이고, 원가가 60이면, 매출총이익율은

40%가 됩니다. 당연히 높을수록 좋습니다.

$$매출총이익률 = \frac{매출액-매출원가}{매출액} = \frac{매출총이익}{매출액}$$

(2) **영업이익률** Operating Profit Margin

기업이 판매하는 상품이나 서비스에서 원가와 기업 경영에 필요한 판매관리비를 뺀 이익입니다. 원가뿐만 아니라 마케팅비 등 기업이 사업을 얼마나 효율적으로 수행하는지 알 수 있습니다. 예를 들어, 모 기업이 경쟁사 대비 영업이익률이 낮다면, 마케팅비를 과도하게 사용했다고 추측해 볼 수 있겠습니다.

$$매출총이익률 = \frac{매출액-매출원가-판매관리비}{매출액} = \frac{영업이익}{매출액}$$

(3) 당기순이익률 Net Profit Margin

기업이 판매하는 상품이나 서비스의 원가와 판매관리비 뿐만 아니라 모든 비용, 세금을 제한 이익을 뜻합니다. 조금 엄격한 분석가들은 일회성 이익이나 비용은 아예 고려하지 않기도 합니다. 기업 입장에서 최종 수익성을 나타냅니다.

$$당기순이익률 = \frac{매출액-매출원가-판매관리비+이자/기타수익-이자/기타비용-법인세}{매출액} = \frac{당기순이익}{매출액}$$

수익성을 분석할 때는 당해 연도 뿐만 아니라 과거 자료 비교를 통해 회사의 수익이 어느 정도 증가하고 있는지, 경쟁사 대비 어떤 모습을 보이고 있는지 확인하는 것도 중요합니다. 다음은 모 기업의 수익성을 정리한 표입니다. 유독 2020년에 당기순이익률이 높은 수치를 보이고 있는데, 과연 내년에도 높은 수익률을 유지할 수 있을까요? 이를 분석하기 위해서는 2020년에 해당 기업에 발생한 이익이 일회성이었는지, 혹은 환율과 같은 이유

	2017년	2018년	2019년	2020년
매출액	100	103	104	107
매출총이익률	61.5%	59.0%	62.3%	65.0%
영업이익률	10.0%	9.0%	9.0%	12.0%
당기순이익률	5.0%	4.0%	5.0%	9.5%

기업의 수익에는 다양한 원인들이 있습니다

로 경쟁사 모두 비슷한 모습을 보였는지 확인해야 합니다. 이러한 정보들을 모아보면 이 기업이 잘해서 높은 수익을 냈는지, 외부환경 변화의 수혜를 받은 것인지 판단할 수 있습니다.

(4) ROE Return on Equity, 자기자본이익률

ROE는 기업이 자기자본으로 얼마만큼의 이익을 창출했는지, 즉 자신의 돈을 얼마나 효율적으로 사용했는지 알려줍니다. ROE가 높다는 것은 효율적인 영업활동

$$ROE = \frac{당기순이익}{자본}$$

을 하고 있다는 것을 의미합니다. 매년 높은 ROE를 유지하는 기업은 투자자의 이익을 늘려줄 뿐 아니라 계속해서 규모가 커질 나갈 가능성이 높습니다. ROE는 수익성과 성장성을 확인할 수 있는 지표입니다.

(5) ROA Return on Asset, 총자산순이익률

앞서 말한 '자산=자본+부채'를 기억하시나요? ROE는 자본만 고려하지만 ROA는 자본과 부채도 같이 고려합니다. ROA, ROE 두 지표 모두 좋게 나오면 다행이지만, 경쟁사 대비 ROE가 높은데, ROA가 낮다면 부채의 힘으로 수익을 내고 있지 않나 의심해 봐야 합니다. 해당 기업의 재무구조가 탄탄한지, 현재의 높은 수익성이 유지될 수 있는지, 이자를 감당할 수 있는지 등을 생각해 봐야 합니다. ROA는 수익성뿐만 아니라 안전성도 같이 점검할 수 있는 지표입니다.

$$\text{ROA} = \frac{\text{당기순이익}}{\text{자본}}$$

ROE와 ROA는 기업의 수준을 파악하는데 용이하게 사용할 수 있습니다. 500억 원의 자본으로, 50억 원의 순이익을 벌어들인 두 기업 A와 B가 있다고 합시다. 두 기업의 ROE는 모두 $50 \div 500 = 10\%$입니다. 그렇다면 A, B 기업은 동일한 수준의 기업일까요? 그렇지 않습니다. B 기업은 A 기업보다 대출을 2.5배 끌어들여서 동일한 순이익을 내고 있습니다. 돈을 빌렸으면, 경쟁사보다 더 많은 이익을 내야 하는데 그렇지 못하고 있는 상황이지요. 기업의 이익뿐만 아니라 기업의 자본도 유심히 봐야 합니다.

구분	ROE	ROA	자산	부채	자본	순이익	부채비율
A기업	10.0%	6.3%	800	300	500	50	60%
B기업	10.0%	3.8%	1300	800	500	50	160%

2) 유동성

유동성비율은 기업이 추가 증자 없이 단기채무를 상환할 수 있는 능력을 측정합니다. 유동성이 높으면 자산을 빠르고 효율적으로 현금화할 수 있습니다. 유동성 비율이 경쟁사에 비해 높다는 것은 그만큼 안전하다는 이야기도 되지만, 단기자산을 과도하게 보유하고 있어 수익성이 낮거나 미래에 대한 투자를 게을리한다는 의미도 될 수 있습니다.

(1) 유동비율

유동비율은 유동자산을 유동부채로 나눈 값입니다. 유동자산은 1년 안에 현금화할 수 있는 자산을, 유동부채는 1년 안에 갚아야 하는 부채를 뜻합니다. 유동비율이 높을수록 단기채무를 갚을 능력이 높다는 뜻이지요. 유동비율이 1보다 높으면, 1년 안에 갚을 부채를 1년 안에 마련할 수 있다는 뜻입니다. 반대로 유동비율이 1보다 낮은 기업은 1년 안에 갚아야 할 부채를 갚기 어려우니, 비유동자산을 싸게 혹은 헐값에 팔거나 외부에서 자금을 마련해야 합니다.

$$유동비율 = \frac{유동자산}{유동부채}$$

(2) 당좌비율

유동비율의 한계점 중 하나는 기준이 1년이라는 시간입니다. 만약 유동부채를 3개월 안에 갚아야 하는데 유동자산을 현금화하는 데 평균 10개월이 걸린다면, 해당 기업은 안전하다고 할 수 없습니다. 이런 문제점 때문에 보수적인 분석가들은 당좌비율이나 현금비율을 사용합니다. 당좌비율은 유동자산 중 현금화가 상대적으로 빠른 자산만 더해서 계산합니다.

$$당좌비율 = \frac{유동자산 + 매출채권 \ 등 \ 당좌자산}{유동부채}$$

(3) 현금비율

현금비율은 당좌비율보다 더 보수적으로 접근 방법

$$현금비율 = \frac{현금성자산}{유동부채}$$

입니다. 현금비율이 경쟁사 대비 높은 기업이 있다면, 위기에는 강할 수 있겠으나 수익성은 떨어질 수 있습니다.

3) 안전성

안전성은 기업의 장기부채 상환 능력을 측정합니다. 기업은 부채를 사용해 사업을 합니다. 부채를 잘 활용하면 기업 성장에 도움이 되지만, 제대로 관리를 못하거나 경제위기가 발생했을 때 기업을 더욱 위험하게 만드는 양날의 검입니다. 투자자들은 이 비율을 통해 기업 구조의 안전성과 건전성을 판단할 수 있습니다.

(1) 부채비율

기업의 부채를 자본으로 나눈 값입니다. 부채비율이 낮을수록 채무 지급 능력이 양호하다는 뜻으로 풀이됩니다.

어떤 분석가들은 이자가 발생하지 않는 금융부채값을 사용하기도 합니다. 부채 중에 이자가 발생하는 부채가 있고 이자가 발생하지 않는 부채가 있는데요, 대표적인 예로 매입채무가 있습니다. 매입채무란 외상으로 물건을 구입한 대금을 의미합니다. 흔히 볼 수 있는 '갑/을' 관계에서 갑인 기업이 매입채무가 높은 경우도 있습니다.

기업이 부채가 많다고 해서 무조건 나쁜 것은 아닙니다.

(2) 이자보상비율

이자보상비율은 기업이 자신이 번 돈을 얼마나 이자를 갚을 수 있는지 나타내는 지표입니다. 만약 영업이익이 30억 원이고, 이자비용이 1억 원이면, 30년 치 이자를 낼 수 있는 능력이 있다는 뜻입니다. 돈을 빌려주는 채권자와 은행 입장에서는 중요한 지표입니다. 이자보상비율이 1이 안 되는 기업은 빌린 돈의 이자도 갚을 능력도 안 되는 기업이라고 할 수 있기 때문입니다.

$$\text{이자보상비율} = \frac{\text{영업이익}}{\text{지급이자}}$$

지금까지 대표적인 재무비율들을 살펴봤습니다. 이처럼 기업을 측정할 수 있는 지표 및 비율 종류는 정말 많고 다양합니다. 시중에 훌륭한 재무제표 관련 서적이 많으니 다른 지표들도 궁금하신 분들은 한 권 사서 읽어 보시길 바랍니다.

민규 개인투자자의 입장에서, 각각의 지표를 어떻게 고려해야하는지 좀 더 설명해 줄 수 있어? 솔직히 형이 해준 설명은인터넷에서도 찾아볼 수 있을 것 같아. 투자자 입장에서 지표를 좀 더 잘 활용하는 방법은 뭐가 있을까?

영수 아까, 내가 빵집 설명할 때, 프랜차이즈 빵집, 개인 빵집마다 다 특징이 다르고 상황이 다르니, 투자자 입장에서 모든빵집의 재무제표를 다 뜯어보기에는 시간이 오래 걸린다는 말 기억나지?

민규 응.

영수 단순하게 생각해서 ROE는 높을수록 좋고, PER은 낮을수록 좋은 거잖아? 그걸 고려해서 이 표를 보고, 어떤 빵집에투자할지 한번 골라볼래?

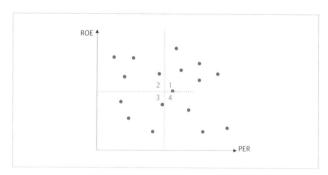

ROE와 PER을 통해 기업의 상태를 대략적으로 볼 수 있다

민규 ROE는 높을수록 좋고, PER은 낮을수록 좋으니까 2사분면에 있는 빵집에 먼저 관심이 가는데?

영수 맞아, 그게 상식적이지. 실적에 비해 시장에서 저평가 받는 기업을 발굴하는 것이 가치 투자의 기본이지. 하지만 난 4사분면에 있는 기업들을 먼저 조사할 것 같아.

민규 왜? PER이 높으면 비싼 주식 아니야?

영수 그렇긴 한데, 왜 그런지 파악해야지. 수익성이 낮은데 PER가 지속적으로 높으면, 뭔가 합당한 이유가 있지 않을까? 혁신적인 빵집이 아닐까? 지금 당장의 수익성보다는 미래의 수익성이 더 큰 기업일 수도 있잖아?

민규 형의 이야기는 항상 결론이… 애매하단 말이야. 도움이 되는 것 같으면서도 도움이 안 되는 것 같아. 난 형한테 투자하는 방법을 배우려고 하는데 답을 안 알려주네? 그래서 2사분면의 기업이 좋은 거야? 4사분면의 기업이 좋은 거야?

영수 투자에 정답이 어디 있니? 이런 식으로 수많은 기업 중에 분석할 기업 우선순위, 또는 본인의 투자 스타일에 맞게 시작하는 거야. 투자철학이 다르면 선호하는 기업이 다를 수도 있는 것이고! 그리고 기업과 기업을 비교했으면, 선택한 기업의 과거 히스토리도 꼭 봐야지. 매출이 꾸준하게 나오는지, 이익률은 어떠한지, 부채비율이 안정적인지 등등. 각종 재무비율을 사용하면 분석하는 시간을 줄일 수 있지! 요즘은 증권사 MTS에서 개별 종목에 관한 개요, 재무정보, 경쟁사 분석 자료들을 확인할 수 있으니 참고하도록 해.

앞서 살펴봤던 스튜디오드래곤 보고서를 다시 살펴봅시다. 주요투자 지표를 정리한 부분을 발췌했는데요, 이 기업이 잘 하고 있는 것 같나요?

12월 결산	2018	2019	2020F	2021F	2022F
수익성					
EBITDA이익률(%)	30.3	31.1	26.8	24.1	25.2
영업이익률(%)	10.5	6.1	9.3	9.2	10.6
순이익률(%)	9.4	5.6	6.7	7.2	8.3
ROA(%)	7.4	4.8	5.3	5.8	6.7
ROE(%)	9.3	6.4	6.8	7.1	8.2
ROIC(%)	14.8	8.4	15.6	18.9	22.3
안전성					
부채비율(%)	27.7	35.8	22.9	22.9	21.5
순차입금비율(%)	(39.2)	(24.9)	(14.1)	(17.6)	(21.5)
현금비율(%)	141.4	41.2	28.6	46.1	69.9
이자보상배율(%)	343	58.1	59.8	67.5	82.1
활동성					
순운전자본회전율(회)	(196.2)	(26.4)	(66.0)	(1,681,9)	182.3
재고자산회수기간(일)	0.9	0.2	N/A	N/A	N/A
매출채권회수기간(일)	59.5	59.3	56.5	48.8	49.1

주요 투자지표

다행히 수익성은 꾸준하게 높아 보이고, 부채비율도 2022년까지 안정적인 수준을 유지할 것으로 예상됩니다. 일단은 합격점을 줄 수 있습니다. 그러나 스튜디오드래곤이 시장에서 정말 잘하고 있는지 확인하기 위해서는 비교대상이 필요합니다. 즉, 업계 평균치 또는 경쟁사의 상황을 잘 이해하고 있어야 스튜디오드래곤도 제대로 평가할 수 있습니다.

이처럼 기업 하나를 평가하기 위해서는 해당 기업뿐만 아니라 경쟁사, 그리고 산업 전체 현황도 알고 있어야 합니다. 그래서 기업을 분석하는 일은 쉽지 않은 일입니다. 다행히 증권사 MTS에서 리포트 메뉴를 크게 섹터와 개별종목으로 나눈 것을 확인할 수 있습니다. 기업뿐만 아니라 섹터 보고서도 같이 챙겨 보시면 더 깊이 있는 공부를 할 수 있습니다.

MTS에서는 업종별, 종목별 리포트를 볼 수 있습니다

민규 형, 개인투자자 입장에서 개별 종목의 상황, 그리고 그 산업도 같이 파악하는 게 쉽지 많은 않은 것 같은데?

영수 맞아. 그래서 증권사 MTS에서는 개별 종목뿐만 아니라 산업 섹터 관련 리포트도 조회할 수 있어. 개인적인 생각인데, 초보 투자자에게 개별 종목보다는 평균에 투자하라고 권하고 싶어.

민규 평균?

영수 종목보다, 섹터 전체를 다 사라는 거지. 예를 들자면, 2021년 2분기에 난 여행/레저 산업 안에 있는 기업을 몽땅 다 샀어. 백신 접종률이 높아지면 사람들이 여행 많이 다닐 것 같아서.

민규 종목을 일일이 다 산 거야?

영수 아니, 지수에 투자했어. 정확히 말하면 여행/레저 지수를 추종하는 ETF를 샀어. ETF를 통해 손쉽게 분산투자를 한 거야. ETF 관련해서는 조금 있다가 설명할게.

선물: 양날의 검

선물은 대표적인 파생상품 중 하나입니다. 주식, 채권과 같이 자산으로 분류하지는 않습니다. 다만 대표적인 자산 중 하나인 원자재는 선물계약 형식으로 거래되고 있습니다. 석유, 금, 옥수수 등과 같은 원자재 관련 ETF나 상품의 명칭에는 '선물' 또는 '파생'이 붙어 있습니다.

사실 파생상품이란 내가 투자한 원금보다 더 많은 돈을 잃을 수 있는, 상당히 위험한 계약입니다. 한때 우리나라는 파생상품거래량 세계 1위를 달성했던 적도 있지만, 금융당국에서 투기성과 '한탕주의'를 완화할 목적으로 각종 규제와 거래 기준을 강화한 이후에는 개인들의 파생상품시장 참여가 현저하게 줄어들게 됐습니다.

영수 투자를 하다 보면 석유, 금, 옥수수와 같은 원자재 투자를 접할 거야.

민규 어! 2020년 코로나가 대유행할 때 원유 가격이 바닥을 쳤잖아! 그래서 나 원유 펀드를 매수했어.

영수 그럴 것 같아서 내가 선물 이야기를 꺼내는 거야. 왜냐하면 아무리 저가에 매수해도 너가 생각한만큼 펀드 수익률이 원유 가격 상승률을 못 따라 갈 수 있거든.

민규 응? 원유 펀드가 원유 가격을 못 따라간다고?

선물거래의 정확한 의미는 무엇일까요? 일반적인 거래와 어떻게 다를까요? 현물거래는 물건의 인도가 즉시 이루어지고, 선물거래는 장래에 물건의 인도가 일어납니다. 즉, 선물거래란 현재 지불한 가격으로 상품의 인도가 장래에 이루어지는 거래입니다.

'물건 인도가 장래에 이루어진다. 그게 뭐가 중요하지?'라고 생각할 수 있습니다. 선물매매화면도 증권사 HTS나 MTS에서 주식거래 화면과 비슷하기 때문에 큰 차이가 없는 것처럼 느껴질 수도 있습니다. 원유선물을 매수하고 매도하면 주식거래 하듯이 이익금이 계좌에 입금되니까요. 그러나 '물건 인도가 장래에 이루어진다'라는 의미를 잘 이해하는 것이 선물거래의 핵심입니다. 대충 이해하고 넘어갔다간, 안에 숨겨진 내용들을 놓치게 될 것입니다.

선물의 역사는 조금 돌아가야 합니다. 1800년대에 영국 산업혁명 시기 구리 수요가 많아졌습니다. 그리고 때 마침 모스 부호도 1800년대에 개발됐습니다. 당시 영국은 남미에 석탄을 수출했는데, 돌아오는 길에 칠레에 들러 구리를 싣고 왔지요. 칠레에서 구리를 싣고 오는 배가 영국에 도착하기까지는 약 3개월이 걸렸습니다. 당시에 모스 부호로 칠레에서 출발한 배 소식을 런던에 알렸습니다. 런던에서는 구리 거래가 이루어졌고요. 물건은 도착이 되지 않았지만, 3개월 후 도착할 것으로 보고 거래를 한 것입니다. 이 관행의 영향으로, 영국금속거래소에서 가장 많이 거래되는 상품이 3개월물 구리이기도 합니다.

여기서 생각해볼 거리가 하나 있습니다. 물건의 인도가 나중에 일어나면 사기를 당할 수도 있고, 중간에 어떤 일이 일어날지 아무도 모릅니다. 이때 제도와 거래소의 역할이 생기는 겁니다. A, B 두 명이 거래소를 통해서 거래하려고 해요. 그런데 누군가는 사기를 칠 수 있으니 거래소는 거래 금액 중 일부를 증거금으로 받습니다. 그리고 개인마다 각자 순도, 단위가 다르면 거래가 비효율적으로 이루어지지 않겠습니까? 그래서 거래소에서 거래시간, 거래단위, 실물거래 방법 등을 다 정해줍니다. 이를 표준화라고 합니다.

다음은 원유선물의 표준화된 계약 내용을 정리한 것입니다. 지금은 이 표를 봐도 무슨 뜻인지 이해하기 어려울 수도 있습니다. 그러나 선물 파트를 다 읽고 다시 오시면 충분히 이해되실 겁니다.

구분	내용
계약단위	1,000 배럴
가격단위	US$ / 배럴
계약월물	연속 5년 매월상장, 그다음 4년간은 6월, 12월물 상장
호가단위	0.01 US$ / 배럴
결제방식	실물인수도
최종거래일	만기월 전월 25일의 3영업일전
증거금	US$ 6,820

New York Mercantile Exchange 원유 계약 조건

증거금과 레버리지

선물거래에서 가장 중요한 것은 증거금과 레버리지 개념입니다. 원유 1배럴당 $37라고 합시다. 계약단위가 1,000배럴이니 1계약 매수하려면 $37,000(약 4,000만 원)이 필요할까요? 그렇지 않습니다. 증거금인 $6,820(약 750만 원)만 있으면 1계약 매수할 수 있습니다. $37,000에 해당되는 거래를 하기 위해 그 금액의 약 16%만 계좌에 입금하면 되니, 엄청난 레버리지를 일으킬 수 있지요!

원유 가격이 배럴당 $37에서 $2(5.3%) 오른 $39이

됐다고 합시다. 저는 1계약 매수했으니 $2×1,000배럴=$2,000의 수익을 냈습니다. 증거금인 $6,820으로 $2,000 수익을 냈으니 약 30%의 수익을 낸 것이지요! 기초자산(원유) 가격이 5%($2) 오를 동안 저는 30%의 수익을 냈습니다.

반대의 경우를 생각해보죠. 원유 가격이 $37에서 $3(-8.1%) 빠진 $34가 됐습니다. 금액으로는 $3,000의 손실이 발생했으나 저의 계좌에는 -44%의 수익률이 찍히게 됩니다.

수익률과 레버리지가 엄청나지요? 그러나 기초가격이 조금만 떨어져도 투자자의 계좌는 '깡통계좌'가 될 수 있습니다. 더 나아가, 기초자산이 급락하게 되면 계좌에 마이너스 금액이 찍힐까요? 증권사들은 이런 상황을 방지하기 위해 몇 가지 장치를 두었는데, 이것이 바로 유지증거금과 마진콜margin call입니다. 마진콜은 금융사가 투자자에게 레버리지 서비스를 제공하면서 본인들의 안전을 지키는 방법이라고 생각하시면 됩니다. 다만, 증권사, 상품별로 증거금율, 강제청산 정책이 다를 수 있으니 개념 위주로 참고하시기 바랍니다.

위탁증거금율이 10%, 유지증거금이 5%라고 가정

합니다. 이 문장의 의미는 1,000만 원을 입금하면, 1억 원에 해당되는데 상품을 매수할 수 있다는 뜻입니다. 수익이 나면 다행인데, 손실이 발생하면 문제가 생깁니다. 기초자산 가격이 -3% 하락하면, 레버리지 효과 때문에 계좌는 -30%의 손실이 발생해서 증거금이 700만 원이 됩니다. 그렇지만 평가금이 아직은 유지증거금 500만 원 이상이니 포지션을 계속해서 유지할 수 있습니다.

불행히도, 기초자산 가격이 지속적으로 하락해서 총 -600만 원의 평가손실이 발생했습니다. 제 계좌 평가액은 400만 원으로 유지증거금인 500만 원 이하가 됐습니다. 이제 큰 문제가 생겼습니다. 손실이 급격히 늘어나기 때문에 증권사가 저에게 연락을 합니다. 특정 일(예: 익일 12시)까지 위탁증거금 수준으로 추가 증거금을 입금하지 않을 경우 포지션을 강제로 청산하겠다고 합니다. 이것이 바로 마진콜입니다. 익일까지 추가로 600만 원을 입금하지 않는 이상 증권사에서 임의로 반대매매를 해서 제 포지션은 강제청산 당할 수 있게 되는데 이를 캐시콜cash call이라고 합니다. 이를 그림으로 표현하면 다음과 같습니다.

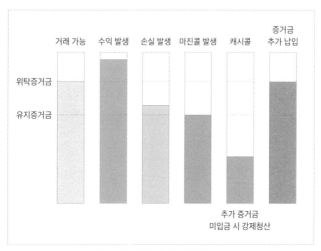

| 거래 가능 | 수익 발생 | 손실 발생 | 마진콜 발생 | 캐시콜 | 증거금 추가 납입 |

위탁증거금

유지증거금

추가 증거금
미입금 시 강제청산

선물이 위험한 이유는 여기에 있습니다

    고객의 계좌 유지증거금이 0원에 가까워지면 어떻게 될까요? 증권사는 묻고 따지지도 않고 포지션을 청산해 버립니다. 고객 계좌가 마이너스가 되면 이는 증권사의 부담이 되어 버리니까요. 극단적인 상황이기는 하지만, 장중에 변동성이 높아지면 하룻밤 사이에 증거금이 0이 될 수 있습니다. 해외선물은 우리나라 새벽에도 열립니다. 그래서 포지션을 유지하고 잠들었다가 다음 날 아침에 계좌를 확인해보면 포지션이 강제로 청산되어 있을 수도 있지요. 대표적인 예로, 2016년 영국이 유럽연합을 탈퇴한다는 브렉시트 결과 발표 후 파운드화 가치가 추락한 이벤트가 있었습니다. 당시 파운드화 선물계약에 투자했던 분들은 추가증거금을 입금할 세도 없이 순식간에 캐시콜을 당한 것으로 알려졌습니다.

민규 우와! 어마어마한 레버리지네! 잘만 하면 큰돈 벌 수 있겠네!

영수 반대로 큰 돈 잃을 수 있다는 점을 생각해야지! 해외선물 잘못 건드려서 힘들어하는 사람들 많이 봤어. 위험하니까 초보 투자자는 얼씬도 안 하는 것이 좋아!

민규 그럼 원유 펀드, 금 펀드도 위험힌 기야?

영수 선물 포지션으로 구축한 펀드는 선물계약보다는 덜 위험해. 이상하지? 여기 선물로 포지션을 구축한 펀드의 운용보고서를 한 번 살펴볼까?

펀드 자산운용보고서 확인하기

　시장에서 판매되는 공모펀드는 법적으로 3개월마다 자산운용보고서를 제공할 의무가 있습니다. 증권사 MTS에 접속하면 개인투자자들도 손쉽게 운용보고서를 확인할 수 있습니다. 우선 예시로, 선물로 포지션을 구축한 KB스타 미국 S&P500인덱스 펀드의 2021.03.01일 기준 자산운용보고서를 살펴봅시다.

레버리지를 이용한 상품들의 자산구성

　자산구성을 보니 파생상품, 즉 선물은 전체 펀드 중 19.78% 정도밖에 되지 않습니다. 그리고 기타자산이 무려 41% 가까이 되네요. 펀드매니저가 펀드를 제대로 운용을 안 하는 것일까요?

　그렇지 않습니다. 이는 레버리지 효과 때문입니다.

선물은 레버리지 효과가 있으니 투자금의 100% 담을 필요가 없지요. 40% 비중을 차지하는 '기타' 자산은 증거금과 현금성 자산입니다. 기초자산이 급락했을 때 추가로 납입할 증거금의 재원이지요.

이러한 펀드들을 기초자산의 수익률을 추종하지, 레버리지 효과를 이용해서 수익률을 극대화하지는 않습니다. 그렇기 때문에 선물, 파생상품으로 포지션을 구축한 펀드라고 해서 무조건 위험한 것은 아닙니다.

월물개념

선물거래에서는 시점이 있기 때문에, 월물개념을 꼭 알아야 합니다. 선물거래는 장래 시점에 물건을 인도하는 것이잖아요? 그런데 그 장래가 다음 달일 수도 있고, 그 다음달일 수도 있습니다.

우리가 아침에 출근하면서 듣는 간추린 경제뉴스에서 언급하는 알려주는 원자재 가격은 현재 시점에 가장 근접한 월물 또는 가장 활발하게 거래되는 월물 기준으로 알려줍니다. 이를 '최근월물'이라고 합니다.

앞장에서 원유선물의 표준화된 계약내용을 표로 정

리했습니다. 그래도 아직 '최종거래일은 전월 25일의 3영업일 전'라는 설명은 한번에 이해하기 어려운 말이 나옵니다. 예를 들어 설명을 하자면, 원유 10월물의 마지막 거래일은 전월의 25일의 3영업일 전은 9월 22일이 됩니다. 이날 이후에는 10월을 거래할 수 없게 됩니다. 오늘이 9월 18일이면. 최근월물은 10월물이 되고, 오늘이 9월 26일이면 최근월물은 11월물이 됩니다.

다음은 2021년 9월 3일 마켓와치Market Watch에서 조

	종가	전일대비	시가	고가	저가
원유 2021 10월물	$69.10	-0.89	$69.67	$70.53	$69.05
원유 최근월물	$69.10	-0.89	$69.67	$70.53	$69.05
원유 2021 11월물	$68.87	-0.86	$69.51	$70.27	$68.87
원유 2021 12월물	$68.58	-0.83	$69.15	$69.92	$68.58
원유 2022 01월물	$68.25	-0.80	$68.79	$69.53	$68.25
원유 2022 02월물	$68.00	-0.67	$68.47	$69.10	$67.94
원유 2022 03월물	$67.64	-0.65	$68.05	$68.68	$67.58
원유 2022 04월물	$67.37	-0.53	$67.63	$68.20	$67.21
원유 2022 05월물	$66.98	-0.51	$67.26	$67.82	$66.83
원유 2022 06월물	$66.52	-0.55	$66.85	$67.45	$66.38

다양한 월물이 있는 석유계약

회한 원유선물 가격인데 보시면 10월물, 11월물, 12월물 다양하게 있음을 확인할 수 있습니다.

청산과 실물인도 physical delivery

누누이 강조했지만, 선물은 장래 시점에 물건을 인도하는 것입니다. 그래서 포지션을 계속 유지할 수 없습니다. 주식의 경우와 비교해보죠. 삼성전자를 보유하고 있다고 합시다. 회사가 망하지 않는 한, 저는 이 주식을 죽을 때까지 평생 보유할 수 있고, 증여도 할 수 있습니다. 선물이라면 만기까지 보유할 경우 계약을 이행해야 합니다.

제가 만기일인 2021년 9월 22일까지 10월물 1계약 매수포지션을 보유하고 있다는 것은 원유 1,000배럴을 실물로 인도 받겠다고 거래소에 의사 표현을 하는 것입니다. 반대로 10월물 1계약 매도 포지션을 만기일까지 보유한다는 것은 1,000배럴를 팔겠다는 의사표현을 하는 것이고요. 이후 거래소가 정한 절차와 창고에서 나머지 정산 작업이 이루어지는 것입니다. 그래서 '선물계약'이라는 표현을 쓰는 것입니다.

증권사는 개인고객의 실물인도를 지원하지 않습니다. 원자재 가격을 추종하는 펀드나 ETF도 마찬가지로 실물을 인수하지 않습니다. 그래서 만기일 전에 포지션을 청산해야 합니다. 그렇다면 원자재 펀드는 어떻게 포지션을 유지하는 것일까요? 바로 다음 월물을 사는 것입니다. 10월물을 팔고 동시에 11월물을 사고, 11월물의 만기가 다가오면 11월물을 팔고 다시 12월물 사는 것이지요.

이렇게 지속적으로 월물을 교체하는 행위를 롤오버Rollover 또는 월물교체라고 합니다. 이때 수반되는 비용을 월물교체 비용, 또는 롤오버 비용Rollover cost이라고 합니다.

콘탱고 Contango, 백워데이션 Backwardation

앞에서 원유선물의 경우, 연속 5년까지는 매월 있고, 그다음 4년간은 6월, 12월물이 상장되어 있다고 했습니다. 그리고 각 월물별로 가격대가 다르게 형성되어 있습니다. 그래프로 이어 붙이면 아래와 같은 모습을 볼 수 있지요. 우상향하는 모양을 콘탱고, 우하향하는 모양을 백

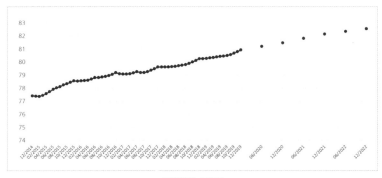

우상향하는 콘탱고

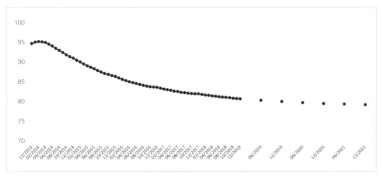

우하향하는 백워데이션

워데이션이라고 부릅니다.

퀴즈를 하나 같이 풀어볼까요? 제가 공장을 하나 소유하고 있다고 가정합시다. 2022년 7월에 사용할 원유와 2022년 9월에 사용할 석유를 사려고 합니다. 만약, 세상의 모든 경제적 변수가 변하지 않는다면, 즉, 금리 수준, 석유 수급, 글로벌 전기 사용량, 기술 수준, 인플레이션, 선박 이용료, 생활수준, 인구 등등 세상 모든 경제적 변수가 고정되어 있다면, 7월물과 9월물 가격은 같아야 할까요? 아니면 약간의 차이가 있어야 할까요?

결론부터 말씀드리면 9월물이 약간 비싼 것이 맞습니다. 우선 원유를 저장하는 탱크들은 어머어마하게 큽니다. 우리나라 울산에 위치한 원유탱크 1기당 75만 배럴을 보관할 수 있다고 합니다. 이런 거대한 원유탱크 유지하는데 보험료, 금융이자, 직원월급 등의 보관비용이 발생합니다. 그래서 9월물 가격은 7월물가격에 적어도 2개월치 비용을 얹어서 팔아야 합니다. 그렇기 때문에 기본적으로 실물인도가 가능한 원자재 가격은 콘탱고일 경우가 많습니다.

그럼 어떤 경우에 백워데이션이 일어날까요? 단기적인 공급 충격이 일어나면 근월물 가격 위주로 상승합니다. 예를 들어, 테러활동으로 중동의 시추시설이나 송유관이 파괴되면, 단기적으로 석유공급에 부정적인 영향을 미치니 근월물 가격이 오르겠지요. 그러나 장기적인 석유공급에는 영향을 미치지 않는 요인이니 원월물 가격은 상대적으로 움직이지 않는 것입니다. 백워데이션 현상을 보일 경우, 공급부족으로 해석해도 무방할 것입니다.

콘탱고에서 월물교체가 지속적으로 이루어지면 어떻게 될까요? 1월물 가격〈2월물 가격〈3월물 가격〈4월물 가격〈5월물 가격… 이렇게 가격이 형성되어 있지 않습니까? 매월 월물교체를 하게 되면, 1월물을 팔고 더 비싼 2월물을 사고, 다시 2월물을 팔고 더 비싼 3월물을 사고… 낮은 가격에 팔고, 비싼 가격에 사는, 매월 일정 손실을 확정 짓는 거래를 하게 됩니다. 이것이 바로 롤오버 비용입니다.

많은 분들이 원유 가격이 하락했을 때, 저점 매수해서 장기보유하면 무조건 수익이 날 것이라고 생각합니다. 그러나 절대 그렇지 않습니다. 만약 원유를 현물로 보유할 경우 창고비용이 발생할 것이고, 금융상품을 통해 간접적으로 보유할 경우 롤오버 비용이 발생할 것입니다. 원유 가격이 장시간 횡보한다면, 결국 수익률은 마이너스가 되겠지요. 원자재 상품을 저점에 잡는다고 무조건 수익이 난다는 보장이 없습니다. 원자재 상품을 투자할 때 이 점을 염두에 두시길 바랍니다.

연결선물

우리가 접하게 되는 유가 그래프는 '연결선물지수'입니다. 원유는 매월 만기가 있는 상품이고, 만기가 지나면 없어지지 않습니까? 그래서 해당 월이 최근 월일 때 움직임을 연결한 것이 우리가 통상적으로 보는 유가 그래프입니다. 그중 석유가격 그래프는 월물교체 비용이 감안되지 않은 그래프이기도 합니다. 실제 원유 가격을 추종하는 상품과 원유지수를 나란히 놓으면 원유상품이 부진한 모습을 보입니다. 이것은 펀드매니저가 무능한 것이 아니라 롤오버 비용이 장시간 차감되기 때문입니다.

민규   원자재에 장기투자하면 무조건 손해를 보는 거야?

영수   그런 의미가 아니야. 주식과 달리 '보관료'를 꼬박꼬박 내니 생각보다 기초자산만큼의 수익률이 안 나올 수도 있다는 거지. 경우에 따라서는 수익이 날 수 있지. 7월물이 9월물보다 비쌀 수 있으니까.

민규   그렇다면 그 기간에 따른 비용 또는 수익을 계산해가면서 투자를 해야 하는 건가?

영수   아니, 꼭 그럴 필요는 없어. 펀드에 투자했을 경우 롤오버 비용을 계산하는 건 어려울 거야. 펀드 운용보고서에는 종목을 얼마에 샀고 얼마에 팔았는지 매매내역을 일일이 다 공개하지는 않지. 살다 보면 원유 가격이 크게 하락했다는 뉴스를 접할 텐데, 단순히 싸다는 이유만으로 투자하지 말라고. 구리, 원유는 경기에 민감한 원자재야. 경기가 안 좋아서 원유 가격이 빠진 건데 경기가 언제 회복될지 알고? 원유 가격이 횡보하더라도 롤오버 비용은 계속 발생할 수 있으니까 그 정도는 염두 해야지.

3장

자산배분

영수　민규야, 앞으로 자산배분에 관해서 설명할 건데, 너 혹시 손절 원칙 있니?

민규　손절 원칙?

영수　응. 투자했던 종목이 −30% 수익률을 기록하면 뒤도 안 돌아보고 판다던가, 이런 거.

민규　글쎄… 처음에는 −5%만 되어도 팔았거든. 그런데 이상하게 내가 팔면 오르더라. 그래서 최근에 팔지 못하고 '오르겠지, 오르겠지' 생각하고 버텼는데 결국 −30%가 됐어. 비자발적 장기투자하고 있는 셈이지… 그런데 이게 자산배분이랑 무슨 상관이야?

영수　행동재무학부터 설명하고 바로 자산배분으로 넘어갈게. 들어봐.

행동재무학:
우리가 욕심을 부리는 이유

우리 주변에는 주식에 투자하지 말라고 말리거나, 주식과 도박을 동일시하는 사람이 한 명쯤은 꼭 있습니다. 주식으로 돈 벌기 어렵다고 하는 분들은 제 주위에 정말 많습니다. 그렇다면 우리가 주식으로 돈을 벌지 못하는 이유는 어디에 있을까요? 이유를 찾으면 정말 많지만, 가장 큰 이유로는 최저점에 매수해서 최고점에 매도하려는 욕심이라고 생각합니다.

소수 종목에 집중적으로 투자해서, 타이밍만 맞추면 금방 부자가 되겠다는 심리도 작용합니다. 이런 형태의 투자는 '재미'가 있습니다. 돈을 버는 '재미'뿐만 아니라, 종목을 고르고, 공부하는 재미, 그리고 성과를 냈을 때의 재미가 있습니다. 조금이라도, 자기가 직접 노력을 해서 돈을 버는 경험은 정말 만족스러운 것은 맞습니다.

또한, 큰 변동성이 내재된 종목이 주는 짜릿함도 무시 못하지요. 짜릿한 수익률을 주는 자극적이고 재미있는 투자처를 찾다 보면, 투자의 본질을 벗어나 도박의 심리와 비슷해집니다. 설사 도박까지는 아니더라도 투자원칙을 지키지 못하게 되지요. 게다가 인간은 얼마나 감정과 불합리에 휘둘리는 존재입니까? 살면서 우리는 조심하고 경계하지 않아 가끔 실수를 하게 되지요.

전통적인 주류 경제학에서는 "인간은 합리적이다"라는 전제하에 경제 문제를 분석합니다. 일부 학자들은 인간은 인지의 한계나 심리학적 요소로 인해 완벽하게 합리적인 결정을 내리기는 힘들다고 가정하고 경제 문제를 분석하기 시작했습니다. 행동재무학 또는 행동경제학이라고도 합니다.

2013년에 로버트 쉴러Robert Shiller 예일대학교 교수와, 2017년 리차드 세일러Richard Thaler 시카고대학교 교수가 행동재무학 연구로 노벨경제학상을 받으면서 행동재무학은 학계에서 인정받기 시작했습니다. 행동재무학의 구체적인 예시를 하나씩 살펴보겠습니다.

1. 이익과 손실에 다르게 반응한다

10만 원을 벌었을 때의 기쁨의 수치를 10이라고 해 보겠습니다. 그럼 100만 원을 벌면 100만큼 기쁠까요? 마찬가지로 10만 원을 잃었을 때의 고통이 –10이라면, 100만 원을 손실 봤을 때는 고통은 –100일까요? 물론 정답은 없습니다. 사람마다 다르니까요. 약간의 손실을 봐도 고통스러운 사람이 오히려 큰 손실에는 무덤덤한 경우도 있습니다. 조금의 손실도 용납하지 못하는 사람이 10만 원, 20만 원 수익이 나도 만족하지 못하고 더 큰 수익을 기다리다가 매도 타이밍을 놓치기도 합니다. 이익과 손실에 반응하는 방식도 투자에 영향을 미칩니다.

사람은 이익과 손실에 다르게 반응한다

2. 보수주의

보수주의는 이전에 내렸던 결정을 고수하거나 관점을 유지하는 것을 뜻합니다. 경제적 상황이나 환경이 바뀌면, 과거에 내렸던 판단에 대해 최소한 다시 고민을 하거나 근거를 다시 찾아봐야 합니다.

3. 확증편향

확증편향은 본인에게 유리한 정보를 받아드리고, 이에 반하는 정보를 무시하는 경향을 뜻합니다. 보고 싶은 현실만 보고, 불리한 현실은 외면해서는 안됩니다. 상반되는 경제지표나 시그널이 발생하면 분석해서 새로운 사실을 익혀야 합니다.

4. 기준 설정 오류

기준 설정 오류는 이전 기준값의 영향으로, 새로운 정보를 받아들이지 못하는 경우를 뜻합니다. 예를 들어, A 기업에 투자해 30%의 수익을 보고 있는 상황이라고 합시다. 그 기업에 긍정적인 정부정책이 발표되어 추가 매수하는 것이 더 합리적인 상황임에도 불구하고, 이미 30%의 수익을 보고 있다는 이유로 고민하는 분들이 있습니다. 추가로 매수를 하게 되면, 평균매수단가가 올라가 보여지는 수익률이 떨어지기 때문입니다(100만 원 투자해 30만 원 이익을 내면 수익률은 30%입니다. 여기서 50만 원을 추가 매수하면 원금은 150만 원인데 이익은 아직 30만 원이니 수익률은 순식간에 20%로 떨어집니다). 본인의 매입가격이 아니라, 투자하는 기업의 성장성과 수익성을 기준으로 투자여부를 결정해야 합니다.

5. 손실회피

이익을 확정하는 것보다 손실을 확정시키는 것을 더 어려워하는 분들이 있습니다. 약간의 이익이 나면 쉽게 처분하면서, 손실이 -5%, -10%, -15% 계속 커지는데 끙끙거리면서 처분을 못 하는 것이지요. 아마도 가격이 많이 빠졌으니 곧 반등할 것이라는 기대, 내가 팔면 오를 것 같은 생각으로 손실을 확정시키지 못하는 것이라고 생각합니다. 더 좋은 투자기회를 발견하면, 손실이 난 종목을 처분하는 것이 합리적임에도 불구하고 그저 손실 자체를 용납하지 못하는 분들도 있습니다.

6. 후회기피

어떤 의사결정을 함으로 인해 손해를 볼 것 같다고 느껴, 결과적으로 의사결정을 미루거나 아무 행동을 하지 않은 행위를 말합니다.

대표적인 예로 보유한 주식을 팔면 오를 것 같아 팔지 못하고, 그렇다고 추가 매수하기에는 부담스럽고, 결과적으로 아무런 행동을 취하지 않는 경우가 있습니다.

7. 군중심리, 집단행동

후회기피와 깊은 연관이 있습니다. 우리는 다수의 결정을 따르는 것에 편안함을 느낍니다. 더 나아가면 포모증후군FOMO, Fear of Missing Out으로도 발전이 됩니다. 상승랠리에서 혼자 주식이나 위험자산에 투자하지 않을 때 소외될 것 같은 두려움을 느끼게 되는 것이지요. 그래서 자산 가격이 이미 많이 올랐음에도 앞뒤 가리지 않고 투자하는 경우를 뜻합니다. 이른바, 패닉바잉 또는 공황매수라고도 부릅니다.

8. 심리회계

계좌마다, 또는 돈의 출처에 따라 다른 태도를 보이거나 다른 위험성향을 적용하는 경우를 뜻합니다. 월급은 안전하게 운용하면서, 도박이나 공짜로 생긴 돈은 매우 위험하게 운용하는 행위가 전형적인 심리회계입니다. 월급으로 받은 돈은 아끼면서, 보너스로 받은 돈으로 평소에 구매하고 싶었던 물건을 '지르는' 행위 역시 대표적인 심리회계 현상입니다.

이처럼 알면서도 지키지 못하는 것이 인간의 약점입니다. 일반 투자자들에게 이를 극복할 수 있는 대안 중 하나가 바로 자산배분 투자 방법입니다.

자산배분의 장점으로는 1) 재기 불가능한 손실은 피할 수 있다, 2) (상대적으로) 일희일비 하지 않는다, 3) 변동성이 낮다, 4) 매매 타이밍에 대한 고민을 덜 할 수 있다, 등이 있지요. 자산배분 투자의 단점으로는 주식의 기대수익률을 따라올 수 없다는 점이 있습니다. 그렇기 때문에 주식투자가 주는 '재미' 역시 없지요.

민규　와! 형이 설명해 준 내용이 다 내 얘기야! 특히 '손실회피' 부분이 공감 가는데? 주식 종목 사는 것은 쉬워도, 파는 게 어려워! 그런데 자산배분이랑 왜 같이 엮는 거야? 심리문 제를 돌파할 수 있는 마법의 전략이라도 되는 거야?

영수　우선 '자산배분'이라는 단어를 들으면 어떤 느낌이 들어?

민규　아무리 전문가라도 무엇이 오를지 정확히 맞히기는 어렵 잖아? 그래서 오를 것 같은 자산 이것저것에 분산투자하는 것 아니야?

영수　엄연히 따지면 아니야. 설명해 줄게.

자산배분 vs 분산투자

자산배분은 자산을 한바구니에 담지 않고 여러 자산에 투자하는 전략입니다. 때문에 나눠서 투자하는 분산투자와 동일한 개념으로 생각할 수도 있으나, 이 둘은 엄연히 다른 개념입니다.

분산투자란, 포트폴리오 또는 계좌에서 개별 종목의 위험을 최대한 낮추기 위해 여러 종목을 사는 것을 뜻합니다. 같은 종류의 자산이라도 상관없습니다. 같은 주식이라고 해도 50여 개의 종목을 골고루 투자했다면, 이를 분산투자라고 할 수 있는 것이지요.

분산되지 않은 포트폴리오와 분산된 포트폴리오에서 동일하게 A종목이 편입되어 있고 A종목에서 -80%

손실이 발생했다고 합시다. 분산되지 않은 오른쪽 포트폴리오의 타격이 훨씬 큽니다. 그래서 공모펀드에서는 원칙적으로 한 종목을 최대 10% 이상 투자하지 않습니다.

한 종목이 포트폴리오 전체를 망치게 해서는 안됩니다

자산배분은 각기 다른 자산이 서로 다른 특성을 보인다는 점을 이용합니다. 그림으로 표현하면 다음과 같은 그래프가 됩니다. 2종류의 자산으로도 자산배분이 가능합니다. 예를 들어 금리가 오를 때 가격이 떨어지는 특성을 보이는 자산과, 금리가 오를 때 가격이 오르는 자산을 동시에 편입하면 되지요. 분산투자처럼 편입하고 있는 자산이나 종목 수를 무작정 늘리는 개념이 아닙니다.

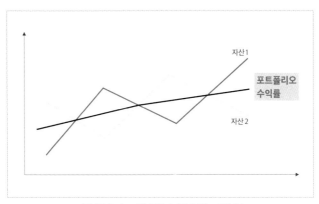

자산배분은 서로 다른 특성의 자산을 섞는 것입니다

민규 그러니까, 내가 주식 종목 100개 정도 담으면 분산투자지만 자산배분은 아니라는 거지?

영수 그렇지.

민규 그런데 주식 한 종목과 채권 한 종목을 섞으면 자산배분이고?

영수 뭐… 주식, 채권 각각 한 종목만 담는 펀드매니저는 없지만, 이론적으로는 자산배분이지. 어쨌든 자산배분은 수익률 관점에서만 보면 안되고 위험 관리 관점으로 봐야 해.

자산배분이란 위험성향이나 재무목표 등을 고려해, 서로 특성이 다른 자산을 섞어 투자자에게 최적의 수익-위험 조합을 찾아내는 것입니다. 기대수익률을 최대한 높이면서 위험(변동성)을 최대한 낮춘 조합을 찾아 투자자들이 장기적으로 안정적인 투자를 할 수 있는 것이지요.

그래서 자산배분의 출발은 투자성향을 아는 것입니다. 고객마다 최적화된 포트폴리오는 다 다르지만, 현실적으로 금융사에서 모든 고객에게 일일이 포트폴리오를 구축해주기 어려우니 공격형/중립형/안정형 포트폴리오를 추천해줍니다. 고객 성향을 기준으로 공격형 투자자에게는 위험자산 비중이 높은 포트폴리오를, 위험성향이 낮은 투자자에게는 위험자산 비중이 낮은 포트폴리오를 추천합니다.

전략적 자산배분과 전술적 자산배분

자산배분의 유효성은 이미 많은 사례와 논문으로 입증이 됐습니다. 가장 대표적으로 브린슨Brinson, 후드Hood, 비보워Beebower가 발표한 논문으로 연기금의 운용성과가 대부분 자산배분 효과에서 나온 것으로 산출했지요(자산배분 효과가 91.5%, 종목 선택은 4.6%, 매매 타이밍은 1.8%, 기타 요인 효과는 2.1%). 다른 후속 연구자들도 효과가 91.5%까지는 아니지만, 자산배분의 중요성에 대해 동의합니다. 자산배분에는 크게 전략적 자산배분과 전술적 자산배분이 있는데요, 하나씩 살펴보겠습니다.

1) 전략적 자산배분 Strategic asset allocation

투자자의 위험성향과 제약조건, 그리고 운용 목적을 고려해 각 자산군의 투자 비중을 결정하는 것을 전략적 자산배분이라 부릅니다. 각 자산군별 기대수익률과 상관관계 추정하고 그리고 투자자의 목표수익률과 위험감내 수준에 맞는 최적의 비중을 산출하는 것이지요. 즉, 위험선호도가 높은 투자자에게 높은 위험자산 비중을 적용해주고, 위험선호도가 낮은 투자자에게는 낮은 위험자산 비중을 배분하는 것이지요.

개인투자자의 전략적 자산배분에 있어 가장 중요한 요소는 개인의 인생입니다. 인생의 중요한 목표와 장기 목표들을 종합적으로 고려해야 합니다. 내년에 필요한 결혼자금이나, 1년 안에 세입자에게 돌려줄 전세자금이

있다면 위험자산에서 제외하거나, 투자 포트폴리오에서
빼야 합니다.

자산배분은 한번 정하고 바꾸지 않는 사항이 아닙니
다. 투자자의 삶과 인생 상황이 바뀌듯 적절한 전략적 자
산배분의 비중도 바뀔 수 있습니다. 가장 대표적인 전략
이 생애주기별 자산배분life cycle asset allocation인데요, 고객
의 연령이 높아짐에 따라 위험자산 비중을 줄이는 전략입
니다.

투자자의 직업도 자산배분의 중요한 요소가 되기도
합니다. 고정적인 수입이나 현금흐름이 없으신 분들은,
꾸준한 배당을 주는 채권이나 고배당주의 비중을 높이는
것이 방법입니다. 안정적인 직업을 가지신 분이라면, 위
험자산 비중을 조금 더 높게 가져가도 되겠지요.

2) 전술적 자산배분 Tactical asset allocation

전술적 자산배분은 전략적 자산배분의 비중을 바탕
으로 하되 투자자의 재량으로 시장 상황에 대응하거나, 그
것을 이용해 추가 수익을 창출하는 것을 의미합니다. 저에
게 적합한 위험자산 비중이 70%지만, 주식시장이 명백히
저평가됐다고 판단이 되면 주식 비중을 늘릴 수 있다는 뜻

입니다. 물론, 사전에 정한 허용범위 안에서 제한적으로만 가능합니다. 주식 시장이 좋다고 투자자의 성향을 무시하고 위험자산 비율을 무작정 높일 수는 없지요.

전략적 자산배분은 시장 타이밍을 맞추는 행위이기 때문에, 개인투자자, 초보 투자자는 전술적 자산배분은 하지 않아도 무방합니다. 매매 타이밍을 노리다가 오히려 손해 볼 수 있는 확률이 높으니까요. 그러나 다음에 설명할 리밸런싱은 꼭 해야 합니다.

리밸런싱

실과 바늘처럼, 자산배분과 리밸런싱은 뗄 수 없는 개념입니다. 사전적인 의미로 균형을 다시 맞춘다는 뜻입니다. 자산의 비중에 변화가 있을 때 필요한 개념입니다. 처음에 설정한 포트폴리오의 균형, 즉 기존의 자산배분 비중으로 돌아간다는 뜻이지요.

주식과 채권의 비중이 6:4인 포트폴리오에서 아무 거래를 하지 않더라도, 편입하고 있는 주식 가격이 오르면 비중이 6:4에서 8:2로 바뀝니다. 이렇게 되면 투자자의 위험성향에 맞지 않게 됩니다. 그래서 전략적 자산배분 비중에 맞추기 위해 주식을 팔고, 채권을 매수합니다. 반대로 주식 가격이 하락해서 주식과 채권의 비중이 4:6이 되면, 투자자는 채권을 팔고, 저가에 주식을 매수해 비중을 다시 6:4로 맞추면 됩니다. 이 과정을 리밸런싱이라고 합니다.

리밸런싱을 하게 되면 포트폴리오의 위험비중을 다시 고객성향에 맞춤과 동시에 리스크 관리도 할 수 있게 됩니다. 조금 극단적이지만, 코스피 지수가 2200에서 3100으로, 그러다 1500까지 떨어졌다가 다시 2200으로 움직이는 시나리오를 통해 살펴보겠습니다. 리밸런싱한 포트폴리오와 그렇지 않은 포트폴리오와는 어떤 차이가 있을까요? 주식과 현금의 비중을 6:4로 설정하고 각 포트폴리오에 100만 원을 투자하면 189쪽과 같은 결과가 나옵니다.

리밸런싱을 하지 않은 포트폴리오는 순자산이 100에서 시작해서 100으로 끝났습니다. 지수가 2200에서 시작해서 2200으로 돌아왔으니 당연한 이야기입니다.

그렇다면 리밸런싱한 포트폴리오는 어떻게 되었을까요? 천천히 살펴봅시다. 코스피 지수가 2200에서

코스피	2200	3100		1500		2200
주식	60.0	84.5		40.9		60.0
현금	40.0	40.0		40.0		40.0
순자산	100.0	124.5		80.9		100.0
주식비중	60.0%	67.9%		50.6%		60.0%

리밸런싱을 하지 않은 포트폴리오

코스피	2200	3100	리밸런싱	1500	리밸런싱	2200
주식	60.0	84.5	74.7%	36.2	51.6	75.7
현금	40.0	40.0	49.8%	49.8	34.4	34.4
순자산	100.0	124.5	124.5	86.0	86.0	110.0
주식비중	60.0%	67.9%	60.0%	42.1%	60.0%	68.8%

주식이 많이 올랐을 때 팔고   주식이 많이 빠졌을 때 산다

리밸런싱을 한 포트폴리오

3100으로 올라갈 때 주식비중은 67.9%입니다. 원래 비중인 60%로 맞추기 위해 주식을 7.9% 매도합니다. 당연히 주식 가격이 높을 때 매도해서 수익을 보전합니다.

그러다가 갑자기 코스피 지수가 1500으로, 절반 가까이 하락했습니다. 주식 비중도 42%로 떨어졌습니다. 이때는 많은 사람들이 공포감을 이기지 못하고 주식을 팔

것입니다. 그러나 여기서는 공포감을 이겨내고, 자산배분전략 대로 주식비중을 60%로 맞춰야 합니다. 저점에서 자산을 매수하는 효과가 발생하기 때문이지요.

이제 지수가 2200으로 회복했을 때 계좌의 자산은 어떻게 될까요? 110만 원이 됐습니다. 결과적으로 10% 수익이 발생했습니다. 리밸런싱한 포트폴리오는 중간에 주식이 많이 올랐을 때 팔고, 수익을 보전했다가, 주식이 많이 빠졌을 때 저점에서 매수했기 때문이지요.

민규 형, 아까 자산배분의 장점 중 하나가 매매 타이밍에 대한 고민을 덜 해도 된다고 했는데, 완전 타이밍 싸움 같은데? 리밸런싱을 언제 하느냐에 따라 포트폴리오의 성과가 결정되는 거 아니야? 그리고 리밸런싱 자주하면 거래비용만 많이 발생할 것 같은데?

영수 정말 좋은 질문인데! 결론부터 이야기하면 정답은 없고 정책만 있어. 예시에서는 최저점인 1500, 최고점인 3100대에서 리밸런싱이 이뤄지긴 했지만 코스피가 1600대, 3000대에서 리밸런싱이 이뤄지는 게 좀 더 현실적이겠지.

민규 좀 쉽게 설명해 봐. 정답은 없고 정책만 있다니?

영수 일단 너의 질문 안에 숨겨진 전제가 잘못됐어. 너의 질문 밑바닥에 깔린 의도는 결국 수익률 극대화지? 내 말이 맞아?

민규 음… 부정할 수 없겠는데…

영수 리밸런싱의 목적은 포트폴리오의 리스크를 관리하는 것이지, 수익률 극대화가 아니야. 또 리밸런싱 방법론은 펀드별로, 매니저별로, 또는 운용사별로 다 다를 수 있지. 우월한 리밸런싱 전략은 딱히 없는 것 같아. 다만 중요한 것은 원칙을 세웠으면 꾸준하게 리밸런싱하는 것이 보다 나은 성과를 낼 수 있다는 거야.

리밸런싱 방법: 날짜와 비중을 기준으로

리밸런싱을 하는 방법으로는 크게 날짜를 기준으로 하는 방법과, 각 자산의 비중을 기준으로 하는 방법이 있습니다.

날짜를 기준으로 한다는 의미는 월별, 분기별, 연간 1회 등의 원칙을 기준으로 리밸런싱을 하는 방법입니다. 장점으로는 사전에 정한 원칙을 지키기 쉬운 전략입니다. 단점은 융통성 없이, 포트폴리오의 가치 변화보다는 '시간'만을 기준으로 리밸런싱을 진행하는 것입니다.

시간이 아닌 자산의 비중을 기준으로도 리밸런싱을 할 수 있습니다. 예를 들어 주식비중이 기준보다 20%이상 괴리가 발생할 경우 리밸런싱을 하면 되는 것이지요. 다만 이 경우, 지속적인 포트폴리오 모니터링이 필요합니다. 또한, 괴리율 폭도 결정해야 하고, 무엇보다 시장과 경제의 각종 거짓신호, 노이즈에 반응해 과도한 거래비용이 발생할 수도 있습니다.

금융자산은 오르면 다시 빠지는, 이른바 평균회귀 속성이 있습니다. 주식 비중이 80%를 초과해 일부를 매도하려고 마음먹은 순간, 주식 가격이 하락해 비중이 79%로 떨어졌다고 합시다. 원칙대로 리밸런싱을 해야할지 고민이 되는 순간입니다. 마음 한편에서는 리밸런싱을 딱히 하지 않아도 괜찮을 것 같은 생각도 들 수 있습니다.

실제 예시를 통해 살펴볼까요? 다음은 미국의 자산운용사 뱅가드에서 1926년~2018년까지 93년간 주식과 채권의 비중을 6:4로 설정하고 리밸런싱을 하지 않았을 때와 했을 때를 비교연구한 결과를 정리한 표입니다. 결론적으로 말씀드리면 어떠한 리밸런싱 전략을 사용하던, 리밸런싱을 하지 않았을 때보다 나은 안정적인 모습을 보여줍니다.

뱅가드가 진행했던 연구를 토대로 리밸런싱 전략을 좀 더 자세히 보겠습니다. 다소 복잡할 수 있으니 이 부분은 넘어가셔도 무방합니다. 대신 리밸런싱한 포트폴리오가 그렇지 않은 포트폴리오보다 결과가 좋았다는 점은 꼭 기억해주시길 부탁드립니다.

뱅가드는 날짜 기준과 자산비중 기준 방법을 섞어서 진행했습니다. 예를 들어, 표 주황색 배경의 '연간 리밸런싱+비중감내폭 0%'는 융통성 없이 1년이 지나면 무조건 리밸런싱을 진행한다는 의미입니다. 그렇기 때문에

리밸런싱 주기	비중 감내폭	세후 연환산 수익률	연 변동성	샤프비율	평균 주식비중	리밸런싱 횟수
하지 않음	-	8.74%	14.00%	0.46	85%	0
월	0%	8.20%	11.70%	0.50	60%	1116
	1%	8.20%	11.70%	0.50	60%	426
	5%	8.22%	11.80%	0.50	61%	58
	10%	8.39%	11.80%	0.51	62%	24
분기	0%	8.26%	11.60%	0.51	60%	372
	1%	8.26%	11.60%	0.51	60%	233
	5%	8.31%	11.60%	0.51	61%	47
	10%	8.26%	11.70%	0.50	62%	19
년	0%	8.19%	11.40%	0.51	60%	93
	1%	8.19%	11.40%	0.51	60%	83
	5%	8.19%	11.40%	0.51	61%	34
	10%	8.20%	11.60%	0.50	63%	14

시장의 상황에 따라 리밸런싱도 다르게 해야 합니다

1926년부터 2018년까지 93년간, 93번 리밸런싱을 진행하게 된 것입니다.

녹색 배경의 '연간 리밸런싱+비중감내폭10%'의 의미는 리밸런싱 진행할 시점은 1년마다 평가하는데 주식

비중이 60%(±10%)인 경우 리밸런싱을 하지 않는다는 뜻입니다. 그래서 93년간 리밸런싱은 14번 밖에 하지 않았습니다.

93년간의 데이터를 보니 리밸런싱을 하지 않았을 때 매년 평균 8.74%의 수익률을 보였습니다. 그런데 리밸런싱을 진행한 포트폴리오가 더 좋다니, 좀 이상하지요? 그 이유는 샤프비율이 가장 낮기 때문입니다. 샤프비율은 높을수록 좋은 것이며, 일종의 투자 효율성입니다. 어떠한 리밸런싱 방법을 선택하던, 리밸런싱하지 않았을 경우보다 샤프비율이 높은 것을 표에서 확인할 수 있습니다. 원칙대로 리밸런싱을 하게 되면, 앞에서 언급했던 손실회피, 확증편향, 기준 설정 오류 등의 심리적인 문제들을 극복할 수 있습니다.

다시 말하자면, 리밸런싱 방법에 정답이 없다라기보다, 어떤 방법이 제일 좋은지를 따지는 것에 큰 의미가 없다고 할 수 있습니다. 무엇이 제일 좋을지 고민하느라 시간을 보내는 것보다 직접 실천하는 것이 더 좋다는 것입니다. 앞서 뱅가드가 계산한 데이터만으로는 딱히 실감나지 않을 수도 있습니다. 그렇다면 자산배분의 장기

수익률의 그래프는 어떨까요? 1997년부터 2021년 2월까지의 데이터를 가지고 직접 계산해보았습니다.

우선 주식은 미국 S&P500 TR지수, 채권은 미국국채10년물 TR지수를 사용했습니다. TR은 Total Return, 즉 배당까지 포함한 수익률입니다. 주식, 채권은 6:4로 자산배분했고 리밸런싱은 매년 1월 1일에 했습니다.

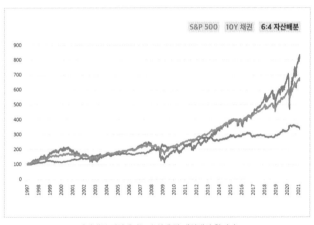

자산배분 전략에서는 손실에 잘 대처해야 합니다

각 자산별 특징을 볼까요? 수익률은 주식이 최고고, 국채는 변동성 없이 꾸준하게 올라갑니다. 자산배분 지수 변동성은 주식보다 작지만, 수익률은 크게 뒤떨어지지 않습니다.

　이 그래프는 자산배분 전략도 손실이 나는 결과를 보여주고 있습니다. 2008년 금융위기 시에 수익률이 하락했습니다. 그러나, 이 과정에서 리밸런싱이 일어납니다. 즉 가격이 오른 채권을 팔아 값이 싸진 자산(주식)을 더 살 수 있기 때문에 주식에 100% 투자한 것에 비해 회복 속도가 빠르고 변동성도 낮습니다.

민규 형이 방금 보여준 그래프는 주식투자가 좋다는 거야? 아니면 자산배분이 좋다는 거야? 저 그래프를 보면 "장기적으로 봤을 때는 주식만한 수익률이 없으니, 주식투자해라" 이런 것 같은데?

영수 단순히 그래프만 보면 그렇게 생각하는 게 맞지.

민규 아니, 우리는 아직 투자지평이 길다며? 장기투자하고 위험자산 담으라며? 위험자산 담으라고 했다가 이제 변동성이 낮은 자산배분이 좋다고 하면 이거 모순 아니야?

영수 반은 맞고 반은 틀려… 다시 강조하지만 자산배분의 목적은 고객의 수익률 극대화가 아니라 고객위험 성향에 맞는 최적의 수익/위험 비율을 찾는 거야.

민규 너무 추상적이야…

영수 그래프는 그래프일 뿐이고. 진짜 중요한 것은 인생이잖아? 인생이 담기지 않은 투자자문 서비스는 없어.

민규 인생이 담기다니?

영수 우리의 투자지평은 우리의 인생과 함께 해야 해. 즉, 자산은 결국 쓰려고 모으는 거지, 모아두기만 하려고 모으려는 게 아니잖아? 누구에게나 결혼자금이나 자녀 대학 등록금 같은 큰 일들로 자산을 현금화할 때가 있겠지. 자금이 필요할 때 금융위기나 코로나 팬데믹같이 전 세계적인 위기가 발생하면 곤란하잖아? 그래서 자산배분과 리밸런싱을 통해 효율적이고 안전한 투자를 하는 것이 좋다고 생각해.

민규 그래도 주식시장이 우상향하거나 우하향하는 시기가 있잖아? 그때는 리밸런싱을 안 하는 게 좋은 거 아니야?

영수 네 말이 맞아. 이거 실토할 수밖에 없겠는걸? 주식이 쭉 우상향하는 시기에 오르는 주식을 파는 건 손해 보는 게 맞아. 하지만 그건 결국 주식이 우상향하는 상황인지, 오르락 내리락하는 시장인지 예측을 해야하는 것이고, 그게 얼마나 어려운데? 차라리 그런 시도를 하기보다는 정기적인 리밸런싱을 통해 변동성을 줄이는 게 마음 편하지.

자산배분을 추천하는 이유

자산배분을 다른 관점에서 한 번 더 살펴보겠습니다. 1997년 1월부터 2021년 2월까지 미국 S&P500 TR지수, 미국국채 TR지수, 그리고 같은 기간의 자산배분(6:4) 전략의 수익률 분포를 정리해봤습니다.

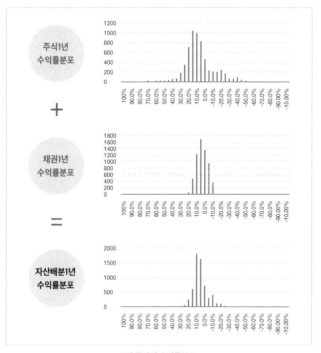

1년 동안의 수익률분포

주식 1년 수익률 분포를 보면 10~15% 수익률이 1,047회로 나왔습니다. 이는 이 기간 중 아무 날이나 골라 1년 투자했을 경우 10~15% 수익률을 거둔 경우가 1,047회라는 뜻입니다. 전체 그래프를 관찰해보면 주식의 변동성이 상당하다는 것을 확인할 수 있습니다. 1년

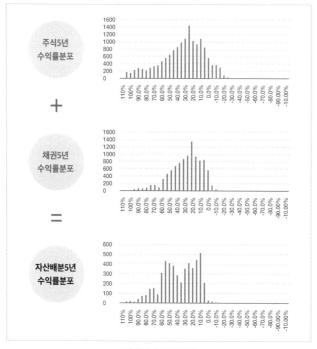

5년 동안의 수익률분포

기준으로 60%~-50% 사이입니다. 반면 채권의 변동성은 매우 적습니다. 1년 기준 +20%~-15% 구간에 있네요.

이 표를 통해 알 수 있는 것은, 1)장기투자 시 변동성이 적어진다, 그리고 2)자산배분 전략을 사용하는 경우에도 변동성이 줄어든다는 것입니다. 특히 자산배분 5년 수익률 분포를 보니 수익률은 상당한 반면, 변동성은 크게 감소하는 것을 알 수 있습니다. 이는 리밸런싱, 채권 이자, 주식 배당금 재투자 등이 결합했기에 나타난 효과입니다.

자산배분 전략을 사용하는 상품 중에 가장 대표적인 것으로 TDF가 있습니다. TDF가 무엇인지 살펴보겠습니다.

대표적인 자산배분형 상품 TDF

시중에 투자가능한 자산배분형 상품 중에 가능 접하기 쉬운 상품은 TDF^{Target Dated Fund}일 것입니다. 직역하면 '목표 기간 펀드'라는 뜻이고, 은퇴연도를 자산배분의 기준으로 합니다. 예를 들어 신한자산운용의 TDF 시리

즈는 신한마음편한TDF2025증권투자신탁[주식혼합-재간접형](C-r), 신한마음편한TDF2030증권투자신탁[주식혼합-재간접형](C-r) 등과 같이 펀드의 명칭에 그 기간이 나타나 있습니다.

중간에 연도가 5년 단위로 증가하는데 이는 빈티지Vintage라고도 하는 가입자의 은퇴 연도입니다. 은퇴 연도에 가까울수록 안전자산의 비중을 높이고, 은퇴 연도가 많이 남아 있을수록 위험자산을 많이 편입합니다.

다음은 2045펀드의 투자설명서 일부입니다. 투자자 입장에서는 스스로 자산배분할 필요 없이, 은퇴 예정일

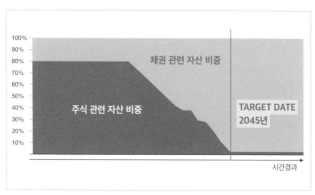

자산군별 장기 비중Glide Path 예시

자는 2045년이 다가올수록 위험자산인 주식의 비중이 자동으로 줄어들도록 설계되어 있습니다. 그래서 매월 적립식으로 투자해도 본인의 생애주기 위험성향에 맞추어 투자할 수 있습니다.

TDF는 매수하면 생애주기별로 자산배분 및 리밸런싱을 펀드매니저가 맡아서 알아서 해줍니다. 일반적으로 생각하는 펀드의 이미지에 딱 맞기도 하죠. 적립식 투자하기에도 알맞고, 신경 쓸 것도 많이 없습니다. 저 역시도 퇴직연금에서 TDF를 운용합니다.

간접투자와 직접투자

지금까지 주식, 채권, 자산배분에 대해 설명했으니, 이제부터는 실제로 투자를 어떻게 하는지 살펴보려고 합니다. 당연하다면 당연한 이야기인데, 본인이 직접 자산에 투자하는 행위를 '직접투자'라 부르고 전문가에게 돈을 맡겨 대신 투자하도록 하는 것을 '간접투자'라고 합니다. 간접투자의 장점으로는 소액으로 다수의 자산에 분산투자 할 수 있고, 투자자 성향에 따라 상품을 선택할 수 있습니다. 그렇지만 매년 일정한 비용을 지불해야 하죠. 직접투자는 전적으로 본인이 모든 투자 결정을 내립니다. 집중투자를 통해서 펀드에 간접투자보다 높은 수익률을 낼 수 있습니다만, 반대로 크게 잃을수도 있습니다.

민규 아니, 형. 왜 너무 당연한 이야기를 설명하려고 하는 거야? 좀 김빠진다.

영수 투자철학을 말하려는 거야. 넌 왜 내가 추천한 펀드 안 하고 굳이 직접 주식을 해? 안 힘들어?

민규 나는 내가 직접 통제하는 게 마음이 편해. 솔직히 펀드는 보유종목을 실시간으로 공개하지 않고 시차를 두고 공개하잖아? 빠져도 왜 빠졌는지 대충 짐작만 할 수밖에 없고. 그리고 무엇보다 내 주식계좌 수익률도 나쁘지 않아.

액티브Active와 패시브Passive

여러분은 노력하면 남들보다 높은 수익률을 거둘 수 있다고 생각하나요? 과거에는 시장수익률을 초과하는 것을 목표로 하는 액티브 펀드들이 주류였습니다. 시장 평균 이상의 수익률을 얻기 위해 운용역이 운용에 적극적으로Active 개입하는 방식입니다. 성장 가능성이 높은 종목을 발굴해 펀드 수익을 극대화하는 것이지요. 그렇기 때문에 높은 보수가 정당화됩니다.

액티브 투자 밑바탕의 철학은 시장을 이길 수 있다는 것입니다. 이와 상반되는 개념인 패시브 투자도 있습니다. 패시브 투자는 시장의 장기 수익률을 따라가는 것은 어려우니 시장을 이기려고 노력하기보다는, 낮은 보수를 지불하고 시장을 복제하는 것이 더 유리하다는 철학을 바탕으로 하고 있습니다. 2019년 CNBC 보도에 따르면, 지난 10년간, 85%의 대형주 펀드들은 S&P500지수를 하회했습니다. 기간을 15년으로 늘리면 92%의 대형주 펀드들이 지수를 하회했고요.

인덱스펀드, 지수 추종 ETF 상품들이 개발되면서 많은 투자자들이 저렴하게 시장수익률을 복제할 수 있게 됐습니다. 이에 최초로 인덱스 펀드를 출시한 뱅가드의 설립자 존 보글John Bogle은, 일반 투자자에게 많은 부를 가져다준 인물로 평가되고 있기도 합니다.

지수추종 투자 방법의 단점으로는 약세장일 때 방어하기가 어렵다는 것입니다. 그러나 분산투자, 저렴한 수수료, 투명한 펀드 운용 등의 장점이 있습니다. 매월 적립식으로 투자하기에 좋은 특징들이지요. 도태되는 기업 및 산업이 저절로 줄어드는 장점이 있습니다.

2020년 6월 그리고 20년 전인 2000년 6월의 국내 시

순위	2000.6.30	2020.6.30
1	삼성전자	삼성전자
2	SK텔레콤	SK하이닉스
3	한국통신공사(KT)	삼성바이오로직스
4	한국전력	네이버
5	현대전자(SK하이닉스)	셀트리온
6	포항제철(포스코)	LG화학
7	삼성전기	삼성SDI
8	국민은행(KB금융지주)	카카오
9	한국담배인삼공사(KT&G)	삼성물산
10	데이콤(LG유플러스)	LG생활건강

2000년 6월과 2020년 6월의 국내 시가총액 상위 10개 기업

가총액 상위 10개 기업을 정리한 표입니다. 20년 전에는 우수한 종목일수도 있으나, 20년 후에는 그렇지 않을 확률이 높습니다. 그러나 인덱스펀드, 지수추종 ETF를 편입했다면 걱정하지 않아도 됩니다. 인덱스 펀드나 지수추종 ETF를 단순 보유하는 것만으로도 자동으로 신성장 기업에 투자하고 쇠퇴하는 기업은 매도하게 됩니다. 이유는 간단합니다. 도태될 기업은 시장이 알아서 도태시키기 때문입니다.

영수   선진 시장에서는 패시브가 더 우세해. 적어도 데이터 상으로는 그렇지. 기술 발전으로 정보 접근성도 과거보다 비교할 수 없을 만큼 좋아졌고, 시장이 더 효율적인 곳이 되었어. 그래서 1~2년은 시장을 이길 수 있어도 지속해서 시장을 이기기는 어렵다는 것이 중론이야.

민규   뭐야, 내 수익률을 깎아내리는 거야?

영수   아니, 그게 아니라 겸손하라는 거야. 너 주식 투자한 지 몇 개월 안 됐잖아? 그리고 솔직히 코로나 사태로 시장이 상승장일 때 시작했잖아? 다시 강조하지만 우리의 투자지평은 몇 년이야? 30년~40년이지? 30년 동안 수익률 꾸준히 잘 내기는 어려울 거야. 매번 상승장일 리도 없고, 또 시간이 좀 지나면 투자에 대한 피로도 쌓일 거야. 그러니 펀드나 ETF 같은 간접투자를 고려해 보는 것도 중요해.

민규   그런데 아까부터 ETF, ETF 하는데, 그게 뭐야? 펀드는 들어봤는데 ETF는 뭔지 잘 모르겠네?

영수   펀드랑 비슷한데 일단 펀드의 개념부터 정리하고 ETF를 설명할게.

펀드 투자

펀드는 가장 흔하게 접할 수 있는 간접투자 상품입니다. 펀드매니저에게 돈을 맡기면 매니저가 그 돈을 대신 투자해 주는 것이죠. 펀드를 운용하는 자산운용사에서 개개인 한 명을 위해 펀드를 운용하지 않습니다. 불특정 다수의 자금을 투자 받아 운용하는 것으로 이해하는 것이 좋습니다. 그래서 사전에 어떤 자산에 투자할지, 어떤 전략을 사용할지 미리 정해놓고 문서의 형태로 자료를 공개합니다. 투자자는 그 자료를 보고 투자를 결정하면 됩니다.

투자자는 펀드 투자하기 전에 투자설명서, 그리고 그동안의 운용보고서를 찾아보면 펀드의 운용전략과 성과를 확인할 수 있습니다. 투자설명서와 보고서는 공개된 정보이지만, 일반 투자자들이 보기에는 약간의 어려움이 있을 수 있습니다. 정보를 공개하는 것이지, 공개된 자료에 대한 자세한 해설까지는 해주지 않기 때문이지요. 그래서 지금부터 설명하는 것들은 투자설명서를 이해하기 위한 지식을 정리한 것이라고 생각하시면 될 것 같습니다.

펀드의 이름에서 힌트 찾기

펀드의 이름에는 운용사, 투자지역, 자산 등에 관한 정보가 달려 있습니다. 길어서 복잡해 보이지만 읽기만 해도 많은 정보를 알 수 있습니다. 다음은 실제로 운용되고 있는 펀드들입니다.

삼성언택트코리아증권자투자신탁제1호[주식]A

미래에셋한국헬스케어증권자투자신탁1호[주식](A-e)

KB글로벌단기채증권자(채권-재간접형)(H)C-e

미래에셋코스닥혁신성장증권자투자신탁[주식](C-Pe)

하나UBS 글로벌리츠부동산투자신탁[재간접형](A)

삼성WTI원유특별자산1호[WTI원유-파생형](C-e)

나름대로 규칙이 있는 것 같지 않나요? 펀드의 이름에 어떤 의미가 담겨있는지 살펴보겠습니다.

첫 번째, 삼성언택트코리아증권자투자신탁제1호[주식]A 펀드를 예시로 설명하겠습니다.

운용사	투자지역/섹터/전략	자산 종류	모자 구분	법적 성격	환헷지	주운용/구성자산	비용 구조
삼성	언택트 코리아	증권	자	투자 신탁		주식	A
미래에셋	한국 헬스케어	증권	자	투자 신탁		주식	A-e
KB	글로벌 단기채	증권	자	투자 신탁	H	채권-재간접형	C-e
미래에셋	코스닥 혁신성장	증권	자	투자 신탁		주식	C-Pe
현대안다	인컴트리 리츠	부동산	자	투자 신탁	UH	리츠-재간접형	A

1. 삼성: 펀드를 운용하는 자산운용사 이름입니다.

2. 언택트코리아: 펀드 운용전략, 컨셉입니다. 이름만 들어도 코로나 수혜를 받는 국내 기업에 투자하는 펀드로 추정됩니다.

3. 증권: '증권집합투자기구'의 줄임말입니다. 삼성언택트코리아증권자투자신탁제1호[주식]A 펀드는 증권에 투자하는 펀드라는 의미입니다. 증권 외에도 부동산/특별자산/MMF(단기금융)/혼합자산 투자기구가 있습니다. 자세한 것은 8번 끝나고 보충 설명 드리겠습니다.

4. 자: 아들 子입니다. 어미 母가 들어간 펀드도 있습니다.

이 부분도 뒤에서 설명하겠습니다.

5. 투자신탁: 펀드라는 의미입니다. 만약 사모펀드를 가입
   하시게 되면 전문투자형사모투자신탁이라는 단어가 들
   어가게 됩니다.

6. 환헷지: 해외에 투자하는 펀드 중 환율에 노출되는 펀드
   는 Unhedged, 줄여서 UH, 환율에 노출되지 않은 펀드를
   Hedged, 줄여서 H자가 들어갑니다. 이 삼성언택트코리
   아펀드는 국내에만 투자하므로 U형, UH형 구분이 없습
   니다.

7. 주식: 주운용자산이 주식인 펀드입니다. 채권형 펀드라
   면 채권으로 되어 있습니다.

8. A: 비용구조를 나타냅니다. A클래스 외에 C클래스 등 다
   른 비용구조도 있습니다. 이 부분 역시 뒤에서 자세히 설
   명하겠습니다.

어떤가요? 이름을 구성하고 있는 말들을 하나씩 살
펴보기만 해도 펀드의 운용방식을 대략적으로 알 수 있습
니다.

자산종류와 주운용자산/구성자산

펀드 이름 중간에는 주운용자산을 표기합니다. 삼성 언택트코리아증권자투자신탁제1호[주식]A를 보면 중간에 '증권'이 있습니다. 이 펀드가 증권집합투자기구라는 뜻입니다. 주운용자산은 증권, 부동산, 특별자산, 단기금융자산, 혼합자산으로 구분합니다.

1. 증권집합투자기구: 자산의 50%를 초과해서 증권에 투자하는 펀드. 증권도 여러 종류가 있기 때문에 종류별로 주식형, 채권형, 주식혼합형, 채권혼합형으로 구분할 수 있습니다.

   주식형: 펀드 자산의 60% 이상을 주식에 투자

   채권형: 펀드 자산의 60% 이상을 채권에 투자하며 주식에는 투자하지 않음

   주식혼합형: 주식으로의 최저투자비율이 50% 이상

   채권혼합형: 주식으로의 최고투자비율이 50% 미만

2. 부동산집합투자기구: 펀드 자산의 50%를 초과해서 부동산(실물, 증권 포함)에 투자하는 펀드입니다.

3. 특별자산집합투자기구: 펀드 자산의 50%를 초과해서 특별자산(농/수/축/광산물, 에너지 등)에 투자하는 펀드입니다.

4. 단기금융집합투자기구(MMF): 펀드 자산의 전부를 단기
금융상품(만기가 짧은 채권 및 어음 등)에 투자하는 펀드입
니다.

5. 혼합자산집합투자기구: 주요 투자대상 자산에 대한 한도
제한을 받지 않고 모든 자산에 투자하는 펀드입니다.

펀드의 이름 대괄호 안에는 구체적인 자산이 표기됩니다. 주식형 펀드면 주식, 채권형 펀드면 채권이 들어가게 됩니다. '재간접' 또는 '재간접형'이라는 단어가 들어가면 펀드매니저가 직접 운용하는 것이 아니라 펀드가 다른 펀드 또는 ETF으로 포지션을 구축한다는 의미가 됩니다. '파생형'이라는 단어가 들어가면 파생상품(통상 선물)로 포지션을 구축했다는 뜻입니다. 삼성WTI원유특별자산1호[WTI원유-파생형](C-e) 펀드는 원유 현물이 아닌 원유파생상품으로 포지션을 구축합니다. 당연히 롤오버 비용이 발생합니다.

모자형 펀드

이번엔 모자형 펀드에 대해 자세히 알아봅시다. 다음 그림을 살펴보겠습니다.

펀드는 안정적인 운용을 중시합니다

해외 펀드는 환율 변동에도 영향을 받기 때문에, 투자자에 따라 환 위험을 제거한 환헤지(H)형 상품을 원하는 경우도 있고, 환율에 그대로 영향받는 환노출(UH)형 상품을 원하는 경우도 있습니다. 그렇다면 운용사에서는 이 둘을 어떻게 운용해야 할까요?

펀드매니저 입장에서, 환헤지 여부 때문에 동일한

전략의 주식형 펀드 두 개를 운용하는 것은 비효율적입니다. 그래서 매니저는 모(母)펀드에서만 운용하고, 자펀드는 그 모펀드의 수익률을 복제합니다. UH형은 모펀드를 100% 복제하면 되고, H형은 90~95% 정도 복제하고 나머지 자산을 환헤지 비용으로 사용하면 되지요. 투자자는 UH형자펀드 또는 H형자펀드에 둘 중 본인이 원하는 펀드를 매수하면 됩니다. 참고로, 일반 투자자는 모펀드에 가입할 수 없고 자펀드에 투자하게 되어있습니다. 다른 경우도 살펴보겠습니다.

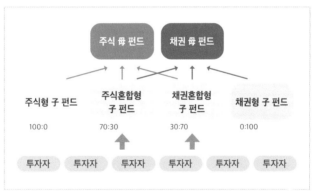

다양한 방식으로 효율적인 운용이 가능합니다

이 그림에서는 2개의 모펀드로 4개 자펀드를 운용하고 있습니다. 펀드 회사 입장에서 4개의 펀드를 따로 만들어서 운용하는 것보다 주식형 모펀드에서는 주식을, 채권형 모펀드에서 채권을 운용하는 것이 효율적입니다. 주식모펀드와 채권모펀드 비율을 조절해서 주식형 펀드, 채권형 펀드, 주식에 자산을 대부분 투자하는 주식혼합형펀드, 채권에 주로 투자하는 채권혼합형펀드를 출시할 수 있습니다.

펀드 보수구조(클래스)

펀드 클래스란 투자자가 펀드보수를 어떤 형식으로

펀드 클래스	구분	펀드 클래스	구분
A	선취, 오프라인	C-P	개인연금, 오프라인
A-e	선취, 온라인	C-Pe	개인연금, 온라인
C	선취없음, 오프라인	C-R	퇴직연금, 오프라인
C-e	선취없음, 온라인	C-Re	퇴직연금, 온라인
C-F	선취없음, 기관	S	온라인슈퍼마켓
C-I	선취없음, 고액	S-P	온라인슈퍼마켓, 퇴직

대표적인 펀드 클래스 목록

지불하는지를 나타냅니다. 다음 표는 대표적인 클래스 목록입니다. 클래스가 2개 이상일 경우 종류형 펀드라고도 부릅니다.

가장 흔하게 접할 수 있는 클래스는 A, C 클래스입니다. 은행이나 지점 창구에서 가입하면 A, C클래스, 온라인에서 펀드를 가입하면 A-e, C-e 클래스에 투자하게 됩니다. A, C, A-e, C-e 클래스는 일반계좌에서 자유롭게 매수, 매도할 수 있습니다.

C-P, C-R 클래스는 각각 개인연금, 퇴직연금 클래스입니다. 연금 펀드가 따로 있는 것이 아니라, 연금계좌를 개설해서 연금 클래스를 가입하면, 그 펀드가 곧 연금펀드가 되는 것이지요.

그럼 보수를 어떻게, 누가 받아 가는지 살펴보겠습니다. 펀드에서 보수를 가져가는 주체는 집합투자업자, 판매업자, 수탁업자, 그리고 일반사무관리업자가 있습니다.

1. 집합투자업자: 실제로 펀드를 운용하는 회사를 뜻합니다. 즉, 펀드매니저들이 일하는 자산운용사입니다.
2. 판매업자: 투자자들이 펀드를 매수할 수 있는 채널입니

다. 대개 증권사나 은행에서 그 역할을 합니다. 펀드 추천과 상담을 해주고, 투자자들이 펀드에 투자할 수 있도록 전산시스템, 애플리케이션을 개발합니다.

3. 수탁업자: 펀드 자산을 보관하고 펀드매니저의 투자결정을 감시하는 역할도 합니다. 주로 은행들이 그 역할을 하죠. 투자자들이 판매사를 통해 펀드에 가입을 하면 투자금액은 집합투자업자(자산운용사)에게 송금되는 것이 아니라 수탁업자가 보관합니다. 그래서 집합투자업자가 폐업하더라도 투자자들의 자산이 안전하게 보관되는 것이지요.

4. 일반사무관리업자: 펀드 순자산, 가격(기준가), 펀드가 편입하고 있는 자산의 평가액 등을 계산합니다. 일반 기업체들도 제3자인 회계법인을 통해서 더 객관적인 결산과 감사를 받죠? 펀드도 마찬가집니다. 일반사무관리업자는 펀드를 위한 회계사로 보시면 됩니다.

다음은 펀드의 수수료 표입니다. 하나씩 살펴보겠습니다.

구분		수수료(%)			보수(연, %)			
		선취	후취	환매	판매	집합 투자	신탁	사무 관리
A	선취, 오프라인	1.0	-	-	0.70			
A-E	선취, 온라인	0.5	-	-	0.56	0.71	0.03	0.015
C	선취없음, 오프라인	-	-	-	1.30			
C-E	선취없음, 온라인	-	-	-	0.85			

펀드의 구분에 따른 수수료 표

1. 선취수수료: 판매업자가 가져가는 수수료입니다. 선취
   수수료는 투자 전에 떼어가는 비율입니다. 선취수수료가
   1% 일 경우, 고객이 100을 납입하면 1 정도가 판매업자
   의 수수료가 되고 나머지 99가 투자됩니다.

2. 후취수수료: 후취수수료는 판매업자가 투자가 끝나고 떼
   어가는 비율입니다. 다행히 시장에서 판매되고 있는 대부
   분의 펀드는 후취수수료가 없습니다. 고객이 후취수수료
   가 1%인 펀드에 100을 납입했다고 가정합니다. 선취수

수료가 없으니 100 그대로 투자됩니다. 이익이 나서 투자금액이 120이 되어 펀드를 매도, 즉 환매를 할 때 120의 1%를 판매업자가 가져가게 됩니다.

3. 환매수수료: 잦은 펀드매수, 펀드매도를 반복하게 되면 펀드매니저는 펀드를 효율적으로 운용을 못하게 됩니다. 그래서 '매수 후 90일 이전 매도 시 이익금의 50%'와 같은 방법으로 페널티로 부과하기도 합니다. 환매수수료는 판매업자가 가져가는 것이 아니라 펀드 자산으로 남게 됩니다. 즉, 남은 펀드 투자자들이 나누어 가지는 겁니다.

일반적으로 수수료랑 보수를 같은 의미로 쓰기도 합니다. 하지만 이 둘은 자세히 보면 다릅니다. 수수료는 1회성으로 부과되지만, 보수는 매일매일 부과되는 것입니다. 표를 잘 보시면, 수수료는 'X%' 떼어가지만, 보수는 '연 X%' 부과되는 형식입니다. 수수료 및 보수 구조를 이해하기 쉽게 그림으로 살펴보겠습니다.

이 펀드의 A클래스는 선취는 1%입니다. 후취수수료, 환매수수료는 없고요. 총보수는 1.45%가 아니라 '연 1.45%'입니다. 매일 순자산의 1.45%÷365를 떼어가는 구조입니다. 만약 펀드매니저가 운용을 잘해서 펀드의 순자산이 늘어나게 되면, 수취하는 보수도 자연스럽게 높아집니다. 반대로 운용을 못해서 순자산이 줄면 수취하는 보수도 줄어듭니다.

클래스		수수료(%)			총보수(연, %)
		선취	후취	환매	판매
A	선취, 오프라인	1.0	-	-	0.70

어느 클래스로 투자해야 유리할까요?

실제로 많은 사람들이 고민하고 궁금해하는 것은 A클래스와 C클래스 중 무엇이 더 유리한 지입니다. A클래스는 선취수수료가 있는 대신 보수가 낮고, C클래스는 선취수수료가 없는 대신 보수가 높기 때문에 충분히 고민할만합니다.

이 고민에 대한 답은 투자기간에 따라 다릅니다. 투자상품설명서를 잘 찾아보면 다음과 같이 클래스 별로 실제 발생하는 비용을 표로 보여줍니다. 잘 보면 투자 후 1년까지는 C 클래스가 유리하지만, 2년 후부터는 A 클래스가 유리하지요. 즉, 통상 장기투자는 A 클래스, 단기투자는 C 클래스가 유리하다고 생각하시면 됩니다.

클래스		판매수수료 및 보수/비용 (만원)				
		1년	2년	3년	5년	10년
A	선취, 오프라인	24.8	40	55.8	89.2	183.6
A-E	선취, 온라인	21.4	35.2	49.6	80	166.3
C	선취없음, 오프라인	21	40.4	58.4	91.7	185.9
C-E	선취없음, 오프라인	16.4	33.4	50.9	87.8	191.7
S	펀드 슈퍼마켓	11.4	23.1	35.4	61.3	135.7

1,000만 원 투자할 경우 부담해야 되는 누적 수수료와 보수(이익금 재투자, 연5% 수익 가정)

기타 구분

펀드를 환매 가능 여부, 추가납입 가능 여부에 따라 아래와 같이 구분할 수 있습니다.

개방형: 환매 가능

폐쇄형: 환매 불가

추가형: 추가로 자금 납입(추가 투자) 가능

단위형: 추가로 자금 납입이 불가능한 펀드

우리가 통상적으로 접하게 되는 주식형, 채권형 펀드는 대부분 개방형이면서도 추가형입니다. 언제든지 자금을 추가로 투자하거나 환매할 수 있죠. 부동산 펀드 경우 단위형이면서 폐쇄형인 펀드들이 많습니다. 투자금을 한 번에 모아서 투자하고, 투자대금이 묶이기 때문에 중간에 환매가 불가능합니다.

예를 들어, 펀드 회사가 40명으로부터 투자금을 받아 건물에 투자했고, 7년 뒤에 회수하기로 했는데, 투자자 한 명이 1년 뒤에 급전이 필요하다고 환매하겠다고 하면, 펀드 운용사는 어떻게 해야 할까요? 보유 중인 건물을 중도에 매도할 경우 나머지 펀드 투자자 39명이 피해를 보게 되므로 운용사는 다른 투자자들을 보호하기 위해 당연히 거절할 수밖에 없습니다. 그래서 환매가 불가능한 폐쇄형 펀드는 조심스럽게 접근해야 합니다.

펀드 위험등급표

여러분이 펀드 투자설명서를 보시게 되면 맨 먼저 보게 되는 정보는 펀드 등급입니다. 그만큼 중요한 정보이지요.

유의해야 할 점은 주식형 펀드라고 무조건 매우 높은등급이 아니라는 것입니다. 펀드는 변동성을 기준으로 평가합니다. 전략이 다르면 변동성도 다릅니다. 저변동성주식으로만 구성된 펀드가, 단지 주 구성자산이 주식이라는 이유로 무조건 최고위험등급으로 평가되면, 매니저 입장에서 억울할 수 있습니다. 과거에는 자산 종류를

❖ 3년간 수익률 변동성 측정, 1년마다 재분류

등급	1 매우 높은 위험	2 매우 위험	3 다소 높은 위험	4 보통 위험	5 낮은 위험	6 매우 낮은 위험
수익률, 변동성	25% 초과	25% 이하	15% 이하	10% 이하	5% 이하	0.5% 이하

기준으로 평가했으나 다행히 지금은 매년 변동성을 측정해서 위험등급을 매기게 됩니다. 즉, 펀드 위험등급은 변동 가능하다는 뜻입니다.

펀드 기준가

지금부터 설명할 펀드 기준가는 펀드와 ETF의 가장 큰 차이점인 가격을 적용하는 방식을 나타내기도 합니다. 조금 어려운 부분이지만, 천천히 읽으시면 이해가 되실 것입니다.

펀드 기준가란 펀드의 가격입니다. 삼성전자 1주를 5만 원, 6만 원에 사고팔 수 있듯이 펀드도 마찬가지로 1좌를 1,000원, 1,010원에 사고 팔 수 있습니다. 기본 시작 가격은 1,000원입니다.

100억 원짜리 펀드에서 A 종목, B 종목 2개 종목을 각각 50억 원씩 매수했다고 가정해 보겠습니다. 장 마감 후에 A 주식은 20% 상승해 60억 원, B 주식은 5% 하락해 47억 원이 되었다면, 합산은 107억 원(7% 상승)이 됩니다. 이때 기준가는 1,000원에서 1,070원이 됩니다.

기준가의 개념이 이해되셨나요? 그런데 꼭 장 마감

후의 가격이 되어야 하는 것일까요? 주식의 경우, 동일한 종목을 사더라도 장이 열려 있는 시간 동안에는 가격을 다르게 해서 매수할 수 있습니다. 거래소에 상장된 주식은 동일한 종목을 사더라도 매수시간이 다르면 가격이 다릅니다. 9시 5분에 5만 원에 매수할 수 있고, 9시 30분에 4만 5천 원에 살 수도 있는 거지요.

하지만 펀드에는 '기준가 적용일'이 있습니다. 이 때문에 9시 반에 펀드를 매수했을 때와, 10시에 매수했을 때 동일한 기준가에 매수됩니다. 그리고 이 기준가는 하루에 한 번 계산이 됩니다. 국내 주식형 펀드를 예로 들어 보겠습니다. 자산운용사는 주식 시장 장 마감 이후 결산해서 펀드 기준가를 산출합니다. 산출된 기준가는 다음 날 오전에 일반투자자들에게 공개됩니다. 즉, 투자자 입장에서, 오늘의 시장 움직임을 반영한 펀드 기준가는 다음 날 아침에 확인할 수 있는 것입니다.

당일 수익률, 즉 국내 주식의 종가는 장 마감 시간인 3시 반에 알 수 있으니, 마찬가지로 펀드가 담고 있는 주식들도 당연히 3시 반이 되어야 수익률을 알 수 있습니다. 그렇다면, 과연 장 마감 시간인 이전에 펀드를 매수한 사람과 이후에 매수한 사람이 같은 조건에 펀드 투자하는 것일까요? 당연히 아닙니다. 왜냐하면 경험이 많은 투자자라면, 펀드 전략과 보유 종목을 어느 정도 짐작할 수 있습니다. 3시 반 이후, 즉 장 마감 후에 매수한 투자자는 어느 정도 예측이 가능합니다. 그렇기 때문에 3시 반 이전, 이후 투자자에게 다른 기준가가 적용됩니다.

오후 3시 반 이전에 매수한 투자자는 오늘 결산해서 다음날 확인되는 기준가로 펀드를 매입하게 됩니다. 이를 T+1이라고도 표현합니다. 3시 반 이후에 투자하는 투자자의 경우 이틀 뒤 확인되는 기준가로 투자하게 되는 것입니다(통상, 국내펀드의 경우 장 마감 기준인 3시 반 기준으로 나누는 반면, 해외펀드의 경우는 17시입니다).

3시 반 기준으로 기준가가 바뀌게 됩니다

영수   자, 펀드 기준가 적용일을 그림으로 표현하니까 좀 더 잘 알 겠지?

민규   그러니까, 내가 오늘(T+0) 1,045.4원이라는 기준가를 보고 펀드 매수해도 1,045.4원은 어제의 움직임을 반영한 기준 가니까 의미 없고, 내일(T+1) 오전이 되어야 내가 산 펀드의 가격(기준가)을 알 수 있는 거네?

영수   맞아! 3시 반 전에 매수해야 내일 알 수 있는 거지. 만약 네가 3시 반 전에 10만 원 매수했으면 100,000÷1.0500= 95,238좌를 매수하게 되는 것이고, 3시 반 이후에 10만 원 매수하면 100,000÷1.0709=93,379좌를 매수하게 되는 거지.

민규   같은 금액을 투자하더라도 낮은 가격에 매수하면 좌수를 많이 받고, 높은 가격에 매수하면 좌수를 덜 받는 거네. 그 럼 펀드를 매도(환매)할 때도 마찬가지인가?

영수   응. 그런데 기준가격 결정일과 더불어 대금지급일 개념이 추가돼.

펀드 환매와 대금지급일

펀드 환매 가격 결정일도 같은 원리가 적용됩니다. 오후 3시 반 이전에 환매를 해야 T+1, 즉 다음날 기준가가 적용됩니다. 만약 이 시각을 넘겨 환매하게 되면 T+2에 기준가가 적용됩니다.

그렇다면 왜 대금은 기준가격 결정일 당일이 아닌 2일 뒤인 제4영업일에 주는 것일까요? 그것은 자산을 현금화하는데 시간이 걸리기 때문입니다. 주식의 경우, 매도하면 당일 체결된 가격의 금액이 오늘 계좌에 들어오는 것이 아니라 2영업일 뒤에 들어옵니다. 펀드 안에 있는 자산도 오늘 매도한다고 투자대금이 바로 회수되지 않습니다.

펀드 환매는 일반적으로 생각하는 것보다 오래 걸리기도 합니다

민규 아니, 해외펀드 같은 경우 현금화하는데 6영업일? 일주일이 넘잖아! 그럼 펀드 교체 매매하면 거의 2주 걸리는 거네? 운이 안 좋을 경우 펀드 교체 매매하는 동안 주식시장이 급등할 경우, 그 상승 분을 못 먹잖아?

영수 반대로 하락할 경우, 수익률 방어가 되겠지…

민규 그게 문제가 아니라, 형 아까 자산배분 설명할 때 리밸런싱이 중요하다고 했잖아? 교체 매매하는데 2주나 걸리면, 매월 리밸런싱하는 것은 심각한 문제 아니야? 일 년에 절반은 온전히 시장에 노출이 안 되는 거잖아? 그리고 내가 매수/매도 주문을 내도 어떤 가격으로 체결될지는 모르는 거고?

영수 너 진짜 똑똑하다. 맞아, 그래서 펀드로만 자산을 구성하는 경우 리밸런싱을 자주 하면 안 돼. 아니면 ETF로 포트폴리오를 구축하던가. ETF를 이용하면 하루 만에, 아니 클릭 몇 번에, 1분 안에 포트폴리오 교체할 수 있어.

민규 그럼 ETF가 더 좋은 금융상품이야?

영수 다 일장일단이 있지. ETF도 나름 단점이 있어. 이제부터 ETF를 설명할게.

ETF:
주식과 비슷하면서도 다르다

ETF는 펀드와 더불어 가장 대표적인 간접투자 상품입니다. ETF는 Exchange Traded Fund의 약자입니다. 거래소에 상장된 펀드를 의미하며 주식처럼 실시간으로 거래할수 있습니다. 그래서 펀드의 특성과 상장된 주식의 특성을 동시에 가지고 있습니다. 그래서 ETF를 매수하기 위해서는 주식계좌를 개설해야 합니다.

주식의 특징을 가진 펀드

ETF는 분명히 펀드이지만, 거래소에 상장되어 있기 때문에 주식종목처럼 종목코드가 있습니다. 주식처럼 거래소 개장시간 중에 MTS, HTS를 통해 직접 매매할 수 있습니다. 펀드와 달리 주식처럼 호가창을 보면서 원하는 가격에 매매하는 것입니다.

온라인으로 펀드를 매수할 경우, 대부분의 증권사는 강제로 투자설명서를 화면에 띄워줍니다. 그에 반해 ETF는 그렇지 않습니다. 그래서 대부분의 고객들은 ETF의 투자설명서를 잘 살펴보지 않습니다. 투자설명서는 운용사 사이트에 접속하면 확인할 수 있지요.

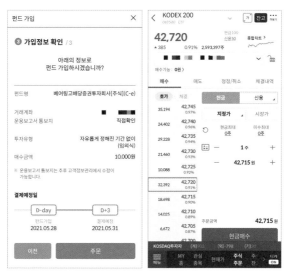

펀드 가입 화면(왼쪽)과 ETF 매수 화면(오른쪽)

ETF의 투자설명서 역시 공개된 것이지만 일반 개인 고객들이 보기에는 약간의 어려움이 있을 수 있습니다. 앞으로 설명할 내용은 투자설명서를 이해하기 위한 지식과 ETF의 독특한 특징들입니다.

왼쪽은 펀드 가입 화면이고, 오른쪽은 ETF 매수 화면입니다. 확연히 다른 것이 보입니다. ETF는 주식 매매화면과 거의 비슷하죠? 사실 주식 매매화면에 들어가 ETF 종목코드만 입력하면 됩니다. 또한 주식처럼 자신이 원하는 수량, 가격대로 매매할 수도 있습니다. 반면, 펀드는 투자금액만 설정할 수 있습니다.

또한 펀드 가입 화면 하단을 보시면 날짜가 T+1이 아닌, T+3이나 걸리는 것처럼 보입니다. 국내펀드 가격 결정일은 대개 T+1인데 어째서 3일이나 걸리는 걸까요? 확인해보시면 주문일인 5월 28일은 금요일이라서 결제 예정일이 월요일인 것을 알 수 있습니다. 주말을 제외한 T+1인 것을 잊으시면 안됩니다.

ETF의 이름에서 힌트 얻기

ETF도 펀드와 마찬가지로 이름만 보아도 운영사나

투자 성격 등 많은 정보를 유추할 수 있습니다. 우선 실제로 운용되고 있는 ETF들을 보시고, 이름에 어떤 의미가 담겨있을지 한번 생각해봅시다.

KB KBSTAR200증권상장지수투자신탁(주식)

삼성KODEX200증권상장지수투자신탁[주식]

미래에셋TIGER헬스케어증권상장지수투자신탁(주식)

미래에셋TIGER코스닥150레버리지증권상장지수투자신탁
(주식-파생형)

미래에셋TIGER차이나A레버리지증권상장지수투자신탁
(주식혼합-파생재간접형)(합성)

한국투자KINDEX 코스닥150증권 상장지수투자신탁(주식)

KB KBSTAR차이나H선물인버스증권 상장지수 투자신탁
(주식-파생형)(H)

삼성KODEX200 Total Return증권상장지수투자신탁[주식]

삼성KODEXWTI원유선물특별자산상장지수투자신탁[원유-파생형](H)

삼성KODEX200동일가중증권상장지수투자신탁[주식]

ETF 거래를 해보신 경험이 있는 분이라면, 평소에

보았던 ETF의 이름과 다르다는 것을 눈치채셨을 겁니다. 여러분이 증권사 HTS, MTS에서 보았던 ETF들의 이름은 축약된 것입니다. 가령, 삼성KODEX200증권상장지수투자신탁[주식]은 'KODEX200'로, 미래에셋TIGER헬스케어증권상장지수투자신탁(주식)은 'TIGER헬스케어'로 축약되어 표시됩니다.

ETF의 원래 이름을 보니 펀드의 이름과 꽤 비슷하죠? ETF의 이름을 이루는 요소들이 각각 어떤 정보를 드러내는지 펀드와 마찬가지로 하나씩 분해해보겠습니다.

ETF의 이름을 이루고 있는 것들은, 펀드의 이름을 이루는 것들과 비슷해 보입니다. 마찬가지로 하나를 예로 들어 살펴보겠습니다. KB KBSTAR200증권상장지수투자신탁(주식)입니다.

1. KB KBSTAR: KB는 자산운용사 이름이고 KBSTAR는 브랜드로 이해하시면 됩니다. 아래는 국내외 유명 ETF 브랜드입니다.

   국내브랜드:

   – TIGER: 미래에셋자산운용

- KODEX: 삼성자산운용

- SOL: 신한자산운용

- KINDEX: 한국투자자산운용

- ARIRANG: 한화자산운용

- KOSEF: 키움자산운용

- HANARO: NH아문디자산운용

해외브랜드:

- iShares: Blackrock

- Vanguard: Vanguard

- SPDR: State Street Global Advisors

- PowerShares: Invesco Power Shares

- Schwab: Charles Schwab

2. 200: 코스피 200지수를 추종한다는 의미입니다.

3. factor: 해당 ETF는 아무런 factor가 없습니다. 다른 대표
적인 factor는 아래와 같습니다.

- 레버리지Leverage: 지수상승 시 2배, 하락 시 2배로 설계
됨을 의미합니다.

- 인버스Inverse: 지수와 반대로 움직이도록 설계됨을 의
미합니다.

- 동일가중: KOSPI200지수를 동일가중으로 투자하면,

운용사	지역/ 섹터/ 전략	factor	자산 종류	법적성격	주운용/ 구성자산	기타
KB KBSTAR	200		증권	상장지수 투자신탁	주식	
삼성 KODEX	200		증권	상장지수 투자신탁	주식	
미래에셋 TIGER	헬스케어		증권	상장지수 투자신탁	주식	
미래에셋 TIGER	코스닥 150	레버리지	증권	상장지수 투자신탁	주식- 파생형	
미래에셋 TIGER	차이나A	레버리지	증권	상장지수 투자신탁	주식 혼합- 파생재간접형	합성
한국투자 KINDEX	코스닥 150		증권	상장지수 투자신탁	주식	
KB KBSTAR	차이나H 선물	인버스	증권	상장지수 투자신탁	주식- 파생형	H
삼성 KODEX	200	Total Return	증권	상장지수 투자신탁	주식	
삼성 KODEX	200	동일가중	증권	상장지수 투자신탁	주식	
삼성 KODEX	WTI원유 선물		특별 자산	상장지수 투자신탁	원유- 파생형	H
KB KBSTAR	차이나H 선물	인버스	증권	상장지수 투자신탁	주식- 파생형	H

펀드와 ETF는 비슷한 구성의 이름을 갖고 있습니다

200개 종목을 각각 0.5%씩 투자한다는 뜻입니다.

- TR: Total Return의 의미로, 배당금을 재투자한다는 의미입니다.

4. 증권: 펀드 부분에서의 설명과 같습니다.

5. 상장지수투자신탁: 상장된 펀드, 즉 ETF입니다.

6. 주식: 주 운용자산이 주식이라는 뜻입니다. 펀드 부분에서 설명 드렸으니 생략하겠습니다.

7. 기타: H들어가면 Hedged, 환헷지를 했다는 의미입니다. 합성이 들어가면 합성포지션, 즉 현물이 아니라 파생상품으로 포지션을 구축했다는 의미입니다.

ETF는 상장되어 있어서 기본적으로 자유롭게 매도가 가능한 개방형이자 추가매입(매수)이 가능한 추가형 펀드입니다. 다만 펀드와 다른 점은 클래스 개념이 없다는 점입니다. 즉, ETF는 단일 비용구조를 가졌습니다.

ETF 비용구조

ETF는 단일비용구조, 즉 단 하나의 클래스가 있는 펀드라고 생각하시면 됩니다. ETF 수수료와 보수는 투자설명서에 잘 나와 있습니다. 다음은 국내에서 거래량이 가장 많은 ETF 중 하나인 KODEX200의 투자설명서의 일부입니다(2021년 4월 기준).

클래스	수수료(%)			보수(연, %)			
	선취	후취	환매	지정참가	집합투자	신탁	사무관리
	없음	없음	없음		0.12%		0.015%

KODEX200 투자설명서의 일부

ETF는 선취판매수수료, 후취판매수수료 개념이 없습니다. 대신 주식과 마찬가지로 주식거래수수료가 붙습니다. 매수와 매도에 상관없이 다 부과됩니다.

ETF에서 자산운용자에게 돌아가는 보수를 살펴보겠습니다. 펀드와 마찬가지로 집합투자업자, 신탁업자, 일반사무관리업자가 있습니다. 그러나 펀드와 다른 점은 판매회사가 없고 지정참가회사가 있습니다. 지정참가회사가 무엇을 하는지 설명하기 전에, 우선 ETF의 가격에 대해 먼저 살펴보겠습니다.

가격이 2개인 ETF

ETF는 2개의 가격을 가지고 있습니다. 가격이 2개라니? 당황스럽게 느껴질 수도 있습니다. 이는 펀드가 상장됐기 때문에, 즉 장중에 실시간으로 매매하면서 생기는 문제입니다. 실제 가치와 실제 거래되는 가격이 다르기 때문이라고 이해하면 됩니다. 예를 들어 운용사에서 100억 원을 모아서 1억 등분을 하면 어떻게 될까요? 이러면 펀드의 좌수는 1억좌가 되고, 1좌당 가치는 100억 원÷1억 원=100원이 됩니다. 이는 제가 이 ETF를 1좌 최초 매수하는데 필요한 금액은 100원이 된다는 뜻입니다. 그런데 이 펀드 안에 있는 주식들의 가격이 바뀌면 어떻게 될까요?

펀드가 편입하고 있는 주식의 가격에 따라 펀드의 가격도 같이 변합니다

이 그림과 같이 ETF 안에 있는 주식들의 가격에 따라 때문에 ETF 가격도 실시간으로 반영됩니다. ETF안에 주식 A가 50억 원에서 55억 원으로, C가 25억 원에서 30억 원으로 가격이 변해서 전체 가치가 110억원이 되면, 1좌당 가격도 110원이 됩니다. 주식 A, B, C의 가치 합산이 90억 원이 되면, 1좌당 가격도 90원으로 빠지게 됩니다. 그리고 여기서 펀드가 편입한 모든 주식의 가치에서 각종 펀드 비용을 뺀 가치를 순자산가치 또는 NAV^{Net Asset Value}라고 부릅니다.

ETF는 실시간으로 거래됩니다. 만약 모종의 이유로 이 ETF가 투자자로부터 많은 사랑을 받아 공급이 부족하게 되면, 본래의 가치보다 가격이 높게 형성될 수 있습니다. 말이 안 되는 것 같지만, 일종의 한정상품으로 보시면 됩니다. 정가 20만 원짜리 운동화의 생산이 중단되면, 중고거래 사이트에서 더 높은 가격이 형성되는 것과 비슷한 이치입니다.

앞서 ETF는 가격이 2개라는 표현을 사용했습니다. 사실 이 2개의 가격은 각각 가격과 가치를 뜻합니다. 가치라 함은 ETF안에 자산가치를 나타내는 NAV를 뜻하고, 가격은 주식매매창에서 실제로 보여지는 거래되는 ETF

의 가격입니다.

가치가 100원이지만, 105원에 거래될 수도 있고, 가치가 120원이지만 119원에도 거래가 될 수 있습니다. 실제 증권사 MTS 화면을 살펴보겠습니다. KODEX 200 ETF가 42,595원에 거래가 되고 있는데 NAV는 42,606.89원입니다. 즉, 실제 가치는 42,606원이지만, 실제 거래되는 가격은 42,595원으로 0.03% 싸게 거래되고 있는 상황입니다.

가치과 가격, ETF에서는 이 2개의 가격을 잘 보셔야 합니다

민규 형은 NAV라는 표현을 썼는데 MTS에서는 왜 INAV야?

영수 NAV는 Indicative-NAV인데 그냥 둘이 같은 개념이라고 생각해도 괜찮아. NAV는 하루 거래가 끝나고 계산하는 것이고 INAV는 실시간으로 추정되는 NAV야.

민규 알겠어. 그런데 ETF에는 괴리율이라는 것이 있네? 왜 일반 펀드는 괴리율 개념이 없어?

영수 자, 복습해보자. 펀드는 하루에 한번 정산하고 기준가를 산출해서 거래하지?

민규 응. 그런데 이게 왜?

영수 전에 주식 설명할 때 발행시장과 유통시장 기억나지? 펀드를 매수하게 되면, 투자자는 현금을 납입하고 펀드의 신규 지분을 받는 거야. 일종의 발행시장에서 투자한 금액에 해당되는 좌수를 받는 거야. 그래서 펀드는 괴리율이 없지.

민규 아하! 그럼 ETF는 유통시장에서 거래되는 거야? 그래서 괴리율이 있는 거야?

영수 맞아. 엄연히 이야기하면 ETF도 펀드처럼 신규지분을 받을 수는 있는데 이 것은 기관투자자의 영역이고, 개인들은 유통물량을 거래하는 거지. 개인들의 ETF거래는 기존에 존재하는 ETF좌수를 서로 매매하는 것에 불과해. 이런 상황에서는 100원짜리가 110원에 팔릴 수도 있는거야. 어쨌든 이런 메커니즘이 작동되기 위해서는 ETF는 지정참가회사와 유동성공급자가 필요해.

지정참가회사, 유동성공급자

펀드시장에서 판매사가 있다면 ETF는 지정참가회사Authorized Participant, 이하AP, 유동성공급자Liquidity Provider, 이하LP가 있습니다. 두 역할 다 증권사들이 맡습니다. AP는 ETF의 설정과 환매를 담당하고, LP는 매도, 매수호가를 공급해서 투자자들이 ETF를 원활히 거래할 수 있도록 지원합니다.

ETF는 백화점 과일선물세트라고도 할 수 있습니다. 이 배 한 개, 사과 한 개로 구성되어 있는 세트가 있고, 배가 개당 100원, 사과는 개당 50원이이라면, 이 과일세트의 가격은 얼마일까요? 과일세트의 가격은 알 수 없습니다. 다만 과일세트의 가치, 즉 NAV가 150원인 것은 확실합니다.

여기서 배와 사과 가격은 오르지 않았는데, 포장이 예뻐서 너도 나도 이 선물세트를 매수하려는 상황이 되면 어떻게 될까요? 백화점에서 선물세트를 한정된 수량으로만 팔아 중고거래 시장에서 200원에서 팔리기도 합니다. 가격이 가치보다 높게 거래되고 있는 상황입니다. 다음 그림과 같이 가격이 '뛰는' 것입니다.

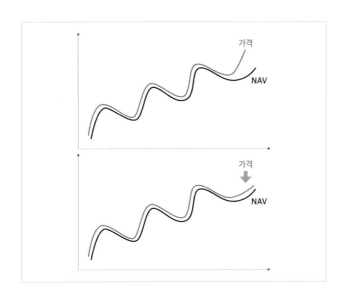

　　여기서 선물세트의 가격(200원)이 NAV(100+50＝
150원)보다 높은 경우가 바로, 이익을 남길 수 있는 기회
입니다. 사과와 배(주식)를 사서 선물세트(ETF)로 포장
해서 팔면 되겠죠? 이 과정을 반복하면 결국 NAV와 가
격이 비슷해지고, 이 역할을 지정참가회사와 유동성공급
자가 하는 것입니다. 이들은 ETF 거래가 활발히 이루어
지도록 매수호가, 매도호가를 가격 위 아래에 두고 있습
니다. 이를 그림으로 표현하면 다음과 같습니다.

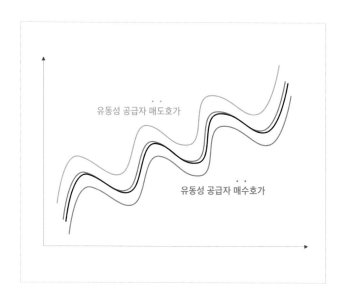

유동성 공급자 매도호가

유동성 공급자 매수호가

    정말 그런 것인지 증권사 MTS에서 확인해보겠습
니다. 화면에서 오른쪽 붉은 박스를 보면, 119,700×
4,459=5.3억 원, 119,695×5,000=5.9억 원, 119,690×
5,000=5.3억 원, 약 17억 원에 해당되는 물량이 매수호
가로 공급되어 있습니다. 주황색 박스에서는 약 10억 원
에 해당되는 물량이 매도호가로 공급되어 있습니다.
    호가를 자세히 살펴보시면, 유동성공급자들이 공급
하는 호가는 NAV보다 약간 싸거나 비쌉니다. 이는 유성

공급자들이 유동성을 공급하는데 증권거래세, 각종 거래 비용 등이 발생하므로 정가인 NAV보다 조금 싸거나 비싸게 공급하기 때문입니다. 물론 여기서 약간의 이익도 추구할 수 있고요.

KOSEF 국고채 10년의 호가

호가 스프레드

이제 거의 다 왔습니다. ETF를 거래하기 전에 마지막으로 호가 스프레드에 대해 알아야 합니다. 우선 거래량이 활발한 ETF와 그렇지 않은 ETF를 비교해볼까요?

거래량이 많은 KODEX200을 먼저 보겠습니다. 매수호가 42,510원, 매도호가 42,515원입니다. 최소거래단위인 5원만큼 딱 붙어있습니다. 1주를 샀다가 바로 팔면 42,510원-42515원=-5원, 약 0.01% 손해 보게 됩니다.

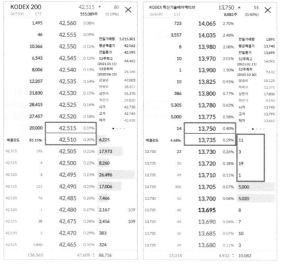

거래량이 많은 KODEX200(왼쪽)과 거래량이 적은 KODEX혁신기술테마액티브(오른쪽)

반대로 KODEX혁신기술테마액티브는 매수호가 13,735원, 매도호가 13,750원으로, 그 차이가 15원입니다. 여기서는 1주 샀다가 바로 팔면 13,735원-13,750원=-15원, 약 0.11% 손해 보게 됩니다. 이와 같은 매수호가와 매도호가의 가격차이를 호가 스프레드라고 합니다. 거래량이 적은 ETF일수록 이 가격차이가 많이 벌어집니다.

거래량이 적은 ETF를 시장가로 매도한다면, 시장에 충격을 줄 수 있습니다. 거래량이 적은 KODEX혁신기술테마액티브 호가창에서 주황색 박스를 살펴볼까요? 좌수는 34좌, 금액으로는 50만 원 정도가 매수호가로 공급되어 있습니다. 만약 해당 ETF 100만 원어치를 시장가에 매도하게 될 경우, 가격은 13,750원에서 순식간에 13,705원으로 하락하게 됩니다. 이처럼 거래량이 적은 종목은 개인 혼자서도 충분히 시장에 충격을 줄 수 있으니 ETF를 매수하시기 전에 거래량이 충분한지 꼭 살펴봐야 합니다.

민규 이게 형이 얘기하던 ETF의 단점이었어?

영수 단점이라기보다는 ETF 매매 시 유의해야 할 점이지. 펀드는 괴리율이나 거래량 걱정 안 해도 되지. 반면 ETF는 실시간 거래가 가능하지만 괴리율이나 거래량 체크를 해야 하고. 특히 비인기 ETF 거래할 때 특히 조심해야 해.

민규 그래도 교체매매를 생각하면, ETF가 훨씬 더 편한 것 같은데? 클릭 몇 번으로 교체매매가 끝나니까.

영수 맞아. 수수료도 ETF가 저렴한 편이고. 그래서 ETF 시장이 빠르게 발전하고 있고 규모가 지속적으로 커지고 있어. 그러나 국내시장은 아직까지는 지수추종형과 레버리지 ETF 위주로 성장해서 다양한 전략을 구사하는 ETF 상품들이 생각보다 많지 않아. 대신 펀드의 종류는 ETF보다 다양한 편이지.

ETF 투자 시 유의해야 할 점

앞서 말씀드렸듯이, 펀드를 매수하게 되면 발행시장에서 펀드의 신규 지분을 받게 되는 것입니다. 이에 반해 ETF는 유통물량을 거래하는 것이지요. 유통물량을 거래하는 것이기 때문에 실시간으로 거래가 가능하지만 괴리율, 거래량 등 펀드에서는 발생하지 않는 문제들이 생기기도 합니다. 또한 거래량이 미미한 ETF는 상장폐지가 되기도 하기 때문에, 비인기 ETF 투자를 할 때 주의해야 합니다.

국내 ETF 시장의 규모는 커지고 있지만, 아직까지는 일부 지수추종형 ETF 위주로만 성장했습니다. 거래량 상위 ETF를 살펴보면 지수추종형, 레버리지, 인버스 ETF 위주입니다. 그래서 다양한 전략이나 상품을 찾고자 하는 투자자들은 국내 펀드 시장이나 해외 ETF 시장에서 찾아야 합니다.

ETF 매매를 할 때는 호가제출의무 시간 개념도 알아야 합니다. LP는 정규장(09:05~15:20)까지는 호가제출 의무가 있으나, 그 이외의 시간에는 의무가 없습니다. 그래서 정규장이 아닌 시간외단일가매매시간(16:00~18:00)에 NAV와 가격 괴리율이 확대될 수 있으니 조심해야 합니다. 다음 그림처럼 정규장 때 13,780원에 마감한 ETF를 누군가는 9.94% 비싼 15,150원에 호가를 공급하고 있습니다.

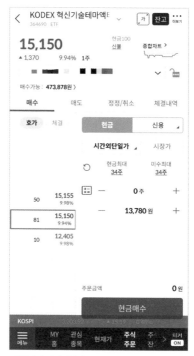

정류장이 아닌 시간에는 호가를 잘 확인해야 합니다

PDF는 무엇인가요?

앞에서 ETF를 과일상품세트, ETF 안에 편입된 종목은 과일, 지정참가회사와 유동성공급자를 과일을 포장해서 파는 업자로 비유해 설명했습니다. 백화점의 과일세트라고 말할 수 있으려면 아무 과일이나 담을 수 없겠죠? 백화점에서 세트 구성물과 수량을 공개하듯이, ETF 역시 어떤 종목을 담고 있는지 공개하고 있습니다. ETF 업계에서는 그 구성물 목록을 납부자산구성내역PDF, Portfolio Deposit File이라고 부릅니다. 운용사 홈페이지에 다음과 같이 나와있고, 누구나 확인할 수 있습니다. 지정참가회사와 유동성공급자들도 이 PDF를 참고해서 시장에 유동성, 즉 매수호가와 매도호가를 공급합니다.

기준일자	2021.06.09	조회 보유종목 전체 다운로드					현재가 : 2021.06.09 15:30:00 현재 (20~30분 지연 정보)	
NO	종목명	종목코드	수량	비중(%)	평가금액(원)	현재가(원)	등락(원)	
1	원화예금	KRD010010001	6,213,451	-	6,213,451			
2	삼성전자	005930	7,975	30.26	653,152,500	81,100	▼ 800	
3	SK하이닉스	000660	948	5.60	120,870,000	122,500	▼ 5,000	
4	NAVER	035420	214	3.59	77,575,000	358,500	▼ 4,000	
5	카카오	035720	533	3.17	68,490,500	129,000	▲ 500	
6	LG화학	051910	78	2.92	63,024,000	802,000	▼ 6,000	
7	현대차	005380	238	2.68	57,953,000	239,500	▼ 4,000	

KODEX200 투자정목정보(PDF)

레버리지/인버스 ETF가 장기투자에 부적합 이유

국내 거래량 상위 ETF를 살펴보면 항상 레버리지 또는 인버스 ETF가 순위 안에 듭니다. 하지만 일부 투자자들은 레버리지, 또는 인버스에 투자했다가 비자발적으로 장기투자를 바라보기도 합니다. 그리고 레버리지와 인버스 ETF는 장기투자하기 매우 부적합한 도구입니다. 레버리지 ETF는 추종지수의 당일 수익률의 2배를 복제되도록 설계됐습니다. 당일의 수익률을 복제하기 때문에 추종 지수의 한 달 수익률이 +20%라고 해서 레버리지 ETF가 40% 수익을 거두지 않습니다.

예를 들어 100 → 110 → 100 → 90 → 100 → 110, 소위 박스권에서 행보하는 지수의 수익률을 보겠습니다. 일반지수가 횡보할 때, 레버리지 지수는 계속 하락합니다. 손실이 클수록 원금 회복에 필요한 수익률도 같이 증가하는 음의 복리효과 때문이라고 생각하시면 됩니다.

다시 강조하지만, 레버리지가 장기투자에 부적합한 이유는 결국 변동성이 높으면 장기수익률에 불리하기 때문입니다. 꾸준히 2.5%를 달성하는 포트폴리오, 10%와 −5%를 반복하는 포트폴리오 그리고 20%와 −15%를 반복하는 포트폴리오의 연 기대수익률은 산술적으로 동일하게 2.5%입니다. 그러나 30년 장기 수익률을 관찰하면, 변동성이 낮은 포트폴리오의 성과가 가장 우수합니다.

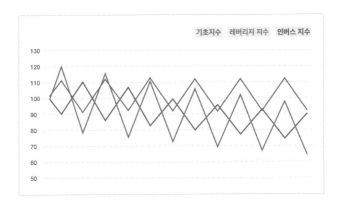

기초지수	100	110	90	110	90	110	90	110	90
기초지수 수익률(%)	0.0	10.0	-10.0	10.0	-10.0	10.0	-10.0	10.0	-10.0
레버리지 수익률(%)		20.0	-20.0	20.0	-20.0	20.0	-20.0	20.0	-20.0
레버리지 지수	100.0	120.0	78.5	115.2	75.4	110.6	72.4	106.2	69.5
인버스 수익률(%)		-10.0	10.0	-10.0	10.0	-10.0	10.0	-10.0	10.0
인버스 지수	100.0	90.0	108.0	86.4	103.7	82.9	99.5	79.6	95.6

레버리지와 인버스 지수의 변화는 다소 과격합니다

ISA:
정부의 절세계좌

자산을 늘리고 싶은 마음은 예나 지금이나 마찬가지입니다. 과거에는 국민들의 재산 형성을 위해 정부에서 여러 금융상품들을 선보였습니다. 세제혜택이 있었고, 지금은 가입이 불가능하지만 근로자재산형성저축상품, 장기주택마련상품 등이 있었습니다.

공모리츠/부동산 펀드들도 세제혜택을 주는 상품들이지만 특정 분야 활성화 등과 같은 다른 목적도 있어서 부여하는 혜택입니다. 코스닥벤처 펀드의 경우 최대 300만 원의 소득공제 혜택이 있지만 벤처기업 또는 코스닥에 상장된 중소기업에 투자를 합니다. 소득공제 혜택이 있어도 위험성향에 맞게 투자해야 합니다.

2016년에 정부는 새로운 절세계좌, 개인종합자산관리계좌ISA, Individual Savings Account 제도를 새로 만들었습니다. 최근의 비과세 상품들은 단일 상품 위주였다면, ISA는 연금저축과 IRP와 같이 계좌 개념입니다. 투자금액을 계좌로 납입해서 혜택을 받을 수 있고, 계좌 안에서 투자자 위험 성향에 맞춰서 상품을 담으면 됩니다. 정확히 어떤 식으로 운용되는지 살펴보겠습니다.

세제혜택

1) 비과세/9.9% 분리과세 혜택

일반형 ISA는 손익통산 후 200만 원까지는 비과세(서민형/농어민형 ISA는 400만 원까지 비과세), 초과분에 대해서는 9.9% 분리과세합니다. 일반 계좌는 손익통산 개념이 없고, 기본적으로 15.4% 과세하지만 금융 소득이 2,000만 원을 초과하게 되면 소득과 비례해서 세율이 결정됩니다. 반면, 분리과세란 본인의 소득수준과 상관없이 9.9% 과세한다는 의미입니다.

A 펀드에서 300만 원 이익, B 펀드에서 300만 원 손실, C 펀드에서 300만 원 수익이 발생했습니다. 이 경우

일반계좌, ISA계좌에서 세금은 각각 어떻게 부과될까요?

일반계좌에서는 B펀드에서처럼 손실 본 것은 고려하지 않습니다. 그래서 A, C펀드에서 발생한 600만 원의 수익에 대한 과세, 즉 600만 원×15.4%=92.4만 원이 과세됩니다. 만약 금융소득이 2,000만 원을 초과하면 소득과 비례해서 더 높은 세율을 적용받게 됩니다.

ISA계좌는 손익통산 혜택이 있습니다. 손익통산 후 이익은 600−300=300만 원입니다. 일반형 ISA의 경우 200만 원까지 비과세이므로 과세기준은 300−200=100만 원입니다. 세율은 9.9%이므로 100만 원×9.9%=9.9만 원이 과세됩니다. 분리과세이므로 금융소득이 2,000만 원을 초과하더라도 세율은 9.9%로 고정됩니다.

2) 간접적 세액공제

ISA는 납입금액에 대한 직접적인 세액공제 혜택은 없습니다. 단, 만기해지 시 연금저축이나, IRP계좌에 이체할 경우 이체금액의 10%(최대 300만 원)를 추가로 세액공제 혜택을 줍니다. 연금저축/IRP에 한도인 1,800만 원을 이미 납입한 상태여도 인정해줍니다.

3) 손익통산

2가지 상황을 통해 좀 더 자세히 살펴보겠습니다.

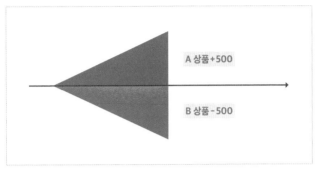

A 상품 +500

B 상품 - 500

두 상품은 합산해서 손실이 0이지만, 세금을 내야합니다

A 상품과 B 상품에서 각각 500만 원의 이익과 손해가 발생했습니다. 평가손실은 500-500=0이니, 투자자 입장에서는 아무런 이익도, 손해도 없는 것일까요? 손익통산 개념이 없는 일반계좌에서 거래했다면 A 상품에서 500만 원의 이익이 발생했으니, 500만 원×15.4%=77만 원의 세금을 내야 합니다. ISA계좌에서는 손익통산 개념이 적용되므로 납부할 세금은 없습니다.

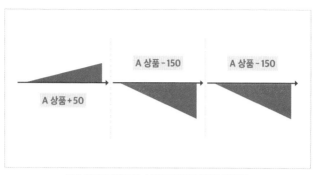

동일 상품에서 꽤 많은 손실이 발생하면 어떻게 될까요?

이번엔 하나의 상품에서 1년 차에 50만 원의 수익이 났다가, 2년 차에 150만 원의 손실, 3년 차에 150만 원 손실이 나서 3년간 누적 250만 원의 손실이 발생한 상황입니다. 이 경우에도 일반계좌 투자자는 세금을 내야 합니다. 펀드 같은 경우 매년 결산하는데요, 1년 차에 50만 원을 벌었으니 결산하면서 세금이 부과됩니다. 2, 3년 차에 손실 발생해도 이미 낸 세금은 돌려주지 않습니다.

이처럼, 일반계좌에서 금융상품을 매수하시면, 손해가 발생하더라도 세금을 납부해야 하는 상황이 벌어집니다. ISA계좌의 경우 손익통산을 하므로 손실이 발생하면 과세하지 않습니다.

민규 아니, 결과적으로 펀드에서 손실이 나면 세금 안 내거나 덜 내는 게 맞지 않아? 손익통산이 혜택이라니? 제도적으로 너무하네! 손익통산은 일반계좌에서도 당연히 적용해야 하는 거 아니야?

영수 너 말이 맞아. 근데 현실적으로 적용하기 애매한 점도 있어. 그럼 내가 역으로 물어볼게. 일반계좌에서는 몇 년 손익통산 해주는 게 합리적이라고 생각해?

민규 몇 년이라니? 무제한으로 계속해 줘야지! 손실이 났는데 세금이라니!

영수 자 그럼 무제한이라고 가정해 보자. 첫째 해에 이익이 나고 30년 동안 계속 손실 보는 중이라고 하자. 세금 매기면 안 된다는 것은 사후적인 시각이고, 첫해 끝났을 시점에 내년에 손해 볼지, 내후년에도 손실을 볼지 어떻게 알아?

민규 음. 나중에 매도하고 정산할 때 환급해 주면 되지 않나?

영수 그런 방법도 있겠지. 그런데 손실 난 상태에서 절반 매도했는데 다시 오르면? 다시 추가 매수하면? 매월 적립식으로 계속 투자하면? 그리고 손익통산을 제한 없이 한다고 치면, 결국 과세할 근거가 없어지지 않을까? 지금 이익이 났어도 100년 뒤에 손실 날 수도 있으니 과세하면 안 되겠네?

민규 아니, 100년 뒤의 얘기는 너무 극단적이잖아.

영수 전혀~ 손익통산은 아니지만, 너의 논리라면, 대기업 총수가 아들한테 주식을 증여해 주면 증여세를 매길 수 없어. 30년 뒤에, 또는 손자가 물려받았을 때 기업이 망해서 없어질 수도 있잖아? 나중에 늘어날지, 아니면 가치가 0이 될지 모르는 게 주식이나 금융상품인데, 이를 무제한 손실통산을 해주면 과세할 근거가 희박해지지. 결국 어느 한 시점에 인위적으로 끊을 수밖에 없지.

그래서 손익통산을 인정해 주는 계좌에서 세금을 줄이기 위해 손실 난 투자종목을 일부러 손실 확정시키는 경우도 있어. 이를 유식한 말로 손실수확전략Tax-Loss harvesting이라고 불러.

참고로, 해외주식계좌도 손익통산을 해줘. 1년 단위로. 250만 원까지는 비과세이고, 250만 원 초과 시 22%의 소득세를 부과해.

ISA 주요내용

1) 가입자격

ISA는 만 19세 이상 국민 누구나 가입할 수 있습니다. 소득이 없어도 가입 가능하고, 근로소득이 있다면 15세부터 가입할 수도 있습니다. 단, 3개년도 전에 1번이라도 금융소득종합과세 대상자(연 2,000만 원 이상의 수익을 낸 투자자)는 가입할 수 없습니다. 그리고 ISA계좌는 1인 1계좌가 원칙으로, 복수 계좌 개설은 불가합니다.

다음 표를 보시면 비과세혜택을 알 수 있습니다. 가입자 소득을 기준으로 일반형/서민형/농어민형으로 나

구분	19세 이상 거주자		15세~19세 미만 거주자		농어민
	일반형	서민형	일반형	서민형	
대상	-	근로소득 5천만 원 종합소득 3.5천만 원 이하	54	50.7	종합소득 3.5천만 원 이하
	과세기간 직전 3개 과세기간 중 1회 이상 금육소득종합과세대상자가 아닐 것				
비과세 한도	200만 원	400만 원	200만 원	400만 원	400만 원

누어서 비과세혜택을 200만 원 또는 400만 원으로 구분
해서 적용해 줍니다.

2) 납입한도와 의무가입기간

ISA는 매년 2,000만 원부터, 5년간 최대 1억 원까지
납입 가능합니다. 한도는 이월 가능하니, 올해 납입을 못
해도 다음 년에 납입 가능합니다. 좀 극단적으로 보일 수
있지만 올해 계좌 개설하고, 3년 후에 6,000만 원을 일시
에 납입해도 상관없습니다. ISA를 해지하고 재가입을 하
면 한도는 다시 1억 원이 됩니다.

ISA의 혜택을 받기 위한 의무가입기간은 3년입니다.
즉, ISA를 3년 이상 유지해야 손익통산 및 분리과세 혜
택을 받을 수 있습니다. 다만 3년 이후 언제든지 해지하
더라도 세제혜택을 받을 수 있습니다. 예를 들어 만기를
10년으로 설정한 투자자가 3년 이후 잔존 만기를 다 채우
지 못해도 세제혜택을 받을 수 있습니다.

3) 중도인출과 중도해지

ISA는 납입한 원금까지는 자유롭게 인출이 가능합
니다. 해지 역시 의무가입기간이 경과하기 이전에도 중

도해지는 가능합니다. 그러나 손익통산과 세제혜택을 받으실 수 없으며 일반과세로 전환됩니다. 만약 중도해지 전에 받은 세제혜택이 있다면 추징됩니다. 단, 예외적으로 법령에서 정한 다음과 같은 '부득이한 사유'라면 추징하지 않습니다.

부득이한 사유
① 사망 ② 해외이주 ③ 천재지변 ④ 퇴직 ⑤ 사업장의폐업
⑥ 3개월 이상의 입원치료 또는 요양을 필요로 하는 상해·질병의 발생

ISA의 유형

ISA계좌는 실질적으로 3가지 유형이 있습니다. 가입자는 한 가지 유형을 선택해야합니다. 가입자 일인당 1계좌만 개설할 수 있으니 신탁형, ISA형, 투자중개형 중 본인에게 필요한 것을 선택하시기 바랍니다.

구분	중기형 ISA	신탁형 ISA	일임형 ISA
투자가능상품	국내상장주식, ETF, 펀드, 리츠, 상장형수익증권, 파생결합증권/사채, ETN, RP	ETF, 펀드, 리츠, 상장형수익증권, 파생결합증권/사채, ETN, RP, 예금	ETF, 펀드 등
투자방법	가입자가 직접 선택		증권사가 포트폴리오 운용

1) 신탁형 ISA

'신탁'이라는 용어가 조금 어렵게 느껴질 수 있습니다. 간단히 '금융상품형'이라고 이해하시면 될 것 같습니다. 즉, 투자자 본인이 직접 원하는 투자상품을 골라서 매수하면 되는 유형입니다. 펀드, ETF, 리츠, 파생결합상품 등을 매수할 수 있지만 주식은 편입할 수 없습니다.

2) 일임형 ISA

'일임'이란 맡긴다는 의미입니다. 즉, 금융회사가 계좌에 대한 통제권을 가지고 투자자 대신 운용을 하는 것입니다. 물론 마음대로 운용하는 것은 아니고, 초고위험형, 위험형, 중립형, 저위험형 등 위험성향별로 모델 포트폴리오를 제시합니다. 각 금융사는 모델 포트폴리오

설명서에 편입자산, 전략, 수수료 정보를 제공하니, 투자자는 본인의 위험성향에 맞는 상품은 계약하시면 됩니다. 증권사 앱에서는 다음과 같은 설명서를 보여주고 있기도 합니다.

어떤 ISA 포트폴리오인지 잘 나타나 있습니다

3) 투자중개형 ISA

2021년도에 새로 생긴 유형입니다. 금융상품과 더불어 국내 상장된 주식을 거래할 수 있는 계좌입니다.

그동안 소액투자자들은 일반계좌에서 주식을 매매를 하더라도 매매차익은 비과세이므로 ISA계좌를 사용할 유인은 없었습니다. 그러나 2023년부터 금융투자소득세가 신설되어 소액주주일지라도 차익이 5,000만 원을 초과하면 양도소득세를 내야하는 반면, 투자중개형 ISA계좌는 2023년부터 국내상장주식의 양도, 국내주식형 펀드에서 발생하는 금융 투자소득은 한도 없이 비과세 되므로 주식투자자라면 꼭 투자중개형 ISA계좌를 사용할 것을 권합니다.

계좌배분:
계획에 맞춰 알맞게!

계좌배분이란 투자자의 재무목표 성격에 따라 알맞은 계좌를 사용하는 것을 일컫습니다. 지금까지 우리가 살펴본 과세방법은 계좌의 종류마다 다르기 때문에 단기, 중기, 장기재무목표에 따라 선택해야 합니다. 각 계좌들의 특징을 살펴보겠습니다.

일반계좌

증권사 MTS에서 계좌를 개설하면 기본적으로 일반계좌가 개설됩니다. 위탁계좌라고 불리기도 하는데, 이자소득과 배당소득에 대해서는 소득세 15.4%가 원천징수됩니다.

　소액주주의 경우 상장 주식의 매매차익은 과세되지 않습니다. 앞서 말했듯이 일반계좌에서는 손익통산 되지 않으며, 금융소득(이자소득 및 배당소득)이 연 2,000만원을 초과할 경우 다른 소득과 합산 과세되는 종합과세 체계입니다. 이는 소득이 많을수록 세율도 높아지는 누진세율이기 때문에, 노후자금 마련과 같은 장기목표에 매우 부적합한 계좌입니다.

해외주식계좌

　국내주식의 매매차익(양도소득)은 소액주주에 대해서는 과세되지 않으나, 해외주식은 소액주주 여부와 관계없이 모두 과세됩니다. 1년 단위로 손익통산이 되고 차익 250만 원까지는 공제되나 초과할 경우 22% 양도소득세가 부과됩니다. 즉 300만 원의 양도차익이 발생하면, (300만 원 - 250만 원) × 22% = 11만 원의 세금을 납부해야 합니다. 다만, 해외주식 양도소득은 분류과세로 종합과세 되지 않습니다. 그렇기 때문에 국내에서 금융소득이 많은 분들은 해외투자로 눈을 돌리는 것이 유리할 수 있습니다.

해외주식을 보유함으로써 발생하는 배당소득에 대해서도 세금이 부과되는데 조세조약에 따른 제한세율에 따라 현지에서 일부 원천징수됩니다. 예를 들어 미국주식에서 배당이 발생하는 경우, 한-미 조세조약에 따른 배당소득 제한세율(15%)에 따라 미국에서 이미 15%가 원천징수되었기 때문에 국내에서 추가로 원천징수되지 않습니다(지금까지 배당소득세는 15.4%라고 서술했습니다만, 엄밀히 따지면 원천징수 세율 14%에 지방소득세 1.4%까지 더해서 15.4%입니다). 반대로 대상 국가와의 제한세율이 국내보다 낮은 경우, 그 차이만큼 국내에서 추가로 원천징수됩니다.

원칙적으로 해외주식 양도소득세는 매년 5월에 신고해야 합니다. 요즘은 증권사에서 해외주식 양도소득세 신고 대행 서비스를 무료로 제공해주니 어렵지 않게 신고를 할 수 있습니다. 다만, 수익이 250만 원 이하이거나 손실이 발생해도 원칙적으로 신고는 해야 합니다.

양도세 신고를 대행해주는 신한금융투자의 서비스

퇴직연금계좌

　퇴직연금계좌는 노후자금 마련을 위해서 반드시 활용해야 하는 계좌입니다. 대표적인 퇴직연금계좌로는 DC, IRP, 연금저축계좌가 있습니다. 장기 운용의 인센티브로 납입금액에 대한 세액공제 등의 혜택을 제공하나, 인출이 매우 까다롭습니다. 중도인출이 제한적이니 과도하게 납입해서는 안되며 상황에 맞게 활용해야 합니다.

ISA계좌

ISA계좌는 금방 다뤘듯이 절세혜택이 있는 계좌입니다. 3년 이상 유지해야하는 조건이 있기에 단기목표, 또는 비상금계좌로 활용하기에는 불리합니다. 3~5년 이후에 현금화할 목표가 있다면 ISA계좌를 활용하는 것이 좋습니다.

구분	계좌종류	절세여부	특징	사용기간
장기계좌	IRP, DC, 연금저축	절세계좌	- 과세이연 - 세액공제 - 3.3%~5.5% 연금소득세(분리과세 원칙, 연 1,200원 수령 시 종합과세)	20년 이상
중기계좌	ISA	절세계좌	- 3년 유지 시 200만 원 비과세(서민형 400만 원) - 9.9% 분리과세 - 손익통산	3~5년 이상
단기/ 중기계좌	해외 주식계좌		- 매년 250만 원 기본공제 - 22% 양도소득세(분리과세) - 손익통산	
단기/ 중기계좌	일반계좌		- 15.4% 배당소득세(종합과세) - 손익통산 없음 - 국내주식 양도소득 비과세(소액주주)	

기간제 절세여부에 따른 계좌의 종류

앞에서 배운 월급 계획과 저축 계획을 완성하시려면 계좌배분 개념을 이해해야 합니다. 모든 저축과 투자를 일반계좌에서 운용할 수 있지만, 절세통장을 이용하면 세액공제혜택과 세금을 절약할 수 있습니다. 이처럼 목적에 맞게 계좌를 잘 배분해서 투자하는 것이 계좌배분의 기본 개념입니다. 계좌의 종류를 표로 정리한 것을 천천히 잘 살펴보시길 바랍니다.

본인의 단기/중기/장기 계획에 맞추어 IRP/연금저축, ISA, 해외계좌 주식을 이용한다면 효율적인 '가로식 저축'을 실천할 수 있지요. 이와 같이 본인의 단기/중기/장기 재무 계획에 맞추어 투자 자금을 알맞은 계좌에 배분하면, 좀 더 효율적인 투자를 할 수 있습니다.

2023년 이후 달라지는 것: 금융투자소득세 신설

마지막으로 2023년부터 달라지는 것들에 대해 살펴보겠습니다. 2023년부터는 금융투자소득세가 신설되는데, 지금부터 설명드릴 내용은 세법 개정으로 언제든지 변경될 수 있는 점을 꼭 유의하시길 바랍니다.

개인에게 발생한 소득에 대해서 내야 하는 세금은

크게 종합소득세(이자, 배당, 사업, 근로, 연금, 기타), 퇴직소득세 그리고 양도소득세가 있습니다. 여기에 더해서 2023년부터는 금융투자소득세라는 새로운 소득세가 신설됩니다. 1월 1일부터 12월 31일까지 1년 동안 벌어들인 투자소득을 손익통산해서 세금을 납부합니다. 종합소득, 퇴직소득, 양도소득과 합치지 않고 따로 분류과세합니다. 근로소득이 많다고 해서 금융투자소득세 세율이 높아지지는 않습니다. 예금이자과 같은 이자소득세, 주식 배당과 같은 배당소득세는 기존과 동일하게 15.4%로 부과됩니다.

금융투자소득세에는 주식매매 차익, 채권매매차익, 펀드매매 차익, ETF매매 차익, 파생결합증권 매매차익, 파생상품 매매차익이 포함됩니다. 금융투자소득이 3억 원 이하일 경우, 세율은 22%(소득세 20%+지방소득세 2%)이며, 3억 원을 초과일 경우 27.5%(소득세 25%+지방소득세 2.5%)입니다.

다행히 기본공제액이 있습니다. 국내 상장주식 매매차익과 국내주식형 공모펀드 소득은 5,000만 원, 해외주식/채권/비상장주식/파생상품 매매차익 등 그 외 소득은 250만 원까지 공제됩니다. 예를 들어 국내 상장주식으로 1년 동안 1억 원의 매매차익을 거둘 경우 (1억 원-5,000만 원)×22%=1,100만 원을 세금으로 납부해야 합니다.

또한 금융투자결손금은 5년까지 이월공제됩니다. 만약 작년에 주식으로 3,000만 원의 손실을 기록했다고 합시다. 그러다 올해 1억 원의 수익을 거둘 경우 1억 원에서 기본공제액 5,000만 원, 이월공제금 3,000만 원 총 8,000만 원을 공제받을 수 있습니다.

세금은 1년에 2번 나누어 원천징수됩니다. 금융사가 대신 납부해준다는 말이죠. 상반기 세금은 7월 10일, 하반기는 다음 해 1월 10일까지 납부합니다. 두 번에 걸쳐 세금을 내고 부족하거나 초과납부할 경우 연말정산을 하듯이 환급을 받거나 추가 납부하면 됩니다.

2023년 이후 계좌배분

그렇다면 2023년 이후의 계좌배분은 어떻게 하면 좋을까요? 일반계좌와 중개형 ISA계좌만 보자면 다음과 같이 정리할 수 있습니다.

	일반 계좌	중개형 ISA 계좌
국내상장 주식, 주식형 펀드 매매차익	22% 또는 27.5% (5,000만 원 공제)	한도 없이 전액 비과세
이자, 배당	15.4% (2,000만 원 초과시 종합과세)	9.9% 분리과세 (200만 원 또는 400만 원까지 비과세)
기타 금융소득	22% 혹은 27.5% (250만 원 공제)	
손익통산	O	O
유지기간	없음	3년 이상

2023년에도 투자 유형에 따라 계좌배분이 달라집니다

주로 국내상장 주식에 투자하고 1년에 5,000만 원 이하의 수익을 내시는 분이라면 일반계좌를 사용하든, ISA계좌를 사용하든 큰 차이는 없을 겁니다. 오히려 유지기간 개념이 없는 일반계좌가 더 유리할 수도 있습니다. 주식으로 1년에 5,000만 원 이상의 매매차익을 내시는 분이라면 ISA계좌가 더 유리합니다. 또한, 펀드, 해외주식, ELS 등 다양한 자산에 투자하시는 분께는 9.9% 분리과세 되는 ISA계좌가 더 유리합니다.

2020년 11월 건강보험료 개편에 따른 유의점

건강보험공단 지역가입자는 ISA계좌 개설 전에 알

아야 할 것이 있습니다. 그동안 연 2,000만 원을 초과하는 금융 및 임대소득에 대해서 건강보험료를 부과했는데, 2020년 11월부터는 1,000만 원 이상의 분리과세 금융소득을 반영합니다.

그러나 ISA에서 발생하는 금융소득의 건강보험료 부과 여부는 책을 작성 중인 2021년 12월 현재까지 결정된 것이 없습니다. ISA와 건강보험료를 담당하는 정부부처 간 조율이 끝나지 않았기 때문입니다. 그래서 건강보험공단은 아직까지 부과하지 않고 있습니다. 정부에서 세제혜택을 늘려준 개정안이 나왔는데 이와 관련된 건보료 부과 기준이 명확하지 않아 ISA 가입자들의 혼란이 야기되고 있는 상황이 아쉽습니다. 조만간 명확한 기준이 나올 것입니다.

이 점이 문제가 되는 이유는 ISA는 매년 정산하는 것이 아니라 만기 한 번에 정산하기 때문입니다. 가령 ISA 계좌에 5년간 매년 2,000만 원을 납부하고, 연 수익률이 5% 발생한다고 가정하면, 복리 효과로 1,600만 원의 수익이 발생합니다. 200만 원은 비과세 되지만, 1,600만 원-200만 원=1,400만 원의 소득에 대해서 건강보험료가 부과될 수 있습니다. 3~5년 장기로 투자해서 만기 때 한

번에 수익이 나오는 상품은 건강보험료 부담이 커질 수 있다는 점을 주의해야 합니다.

근로소득자인 직장가입자의 경우 근로 외 소득이 3,400만 원(2022년 7월부터는 2,000만 원)을 초과할 경우에만 건강 보험료가 인상되니 ISA 운용소득에 대해서는 크게 우려하지 않아도 무방합니다. 사회초년생들 역시 ISA 계좌로 인한 건강보험료 상승에 대해서는 크게 우려하지 않으셔도 됩니다. 절세혜택을 잘 사용해서 자산을 불리는데 집중하면 됩니다.

부록:
계좌개설부터 펀드와 ETF 매수까지

계좌개설부터 펀드/ETF 매수하는 방법, 그리고 신한금융투자에 알파앱에서 제공하는 다양한 서비스를 차근차근 알아보겠습니다.

1. 계좌개설

Step 1

로그인 후 메뉴⋯ 뱅킹 ⋯ 계좌관리 ⋯ 계좌개설 ⋯ 모바일계좌개설

Step 2

다양한 종류의 계좌를 개설할 수 있습니다. 일반계좌의 경우 CMA계

좌를 선택하면 됩니다.

일반 계좌 개설

ISA 중개형 계좌 개설

Step 3

본인명의 휴대폰 혹은 공동인증서, 신분증을 준비해 안내대로 진행하시면 됩니다.

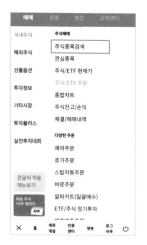

2. ETF 매매하기

Step 1

메뉴 ···› 매매 ···› 국내주식 ···› 주식/ETF 주문 선택

Step 2

① 매수할 종목을 검색한 후 선택합니다.

② ETF를 매수할 계좌를 선택합니다.

③ 매수/매도를 선택합니다.

④ 수량 및 가격을 입력합니다.

⑤ 주문을 최종 집행합니다.

3. 펀드 매매

Step 1

메뉴 ··· 상품 ··· 펀드 ··· 펀드찾기/

가입

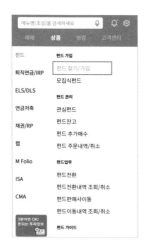

Step 2

① 펀드 명칭 또는 키워드를 검색합니다.

② 펀드를 선택합니다.

Step 3

펀드 수익률, 기본정보 등을 확인 후 가입 버튼을 누릅니다.

투자자의 위험성향, 펀드의 위험

등급을 확인합니다.

간이투자설명서, 주요내용 설명, 투

자자 확인사항을 확인합니다.

① 펀드를 매수할 계좌를 선택합

니다.

② 투자할 금액을 입력합니다.

③ 적립식으로 투자 등의 옵션을

선택합니다.

④ 일반위탁계좌에서는 일반과세 외에는 선택이 불가합니다.

⑤ 운용보고서를 받을 메일을 입력합니다.

최종 펀드 주문을 집행합니다.

4. 국내 ETF 적립식 매매

신한금융투자에서 제공하는 서비
스를 이용하면 손쉽게 ETF도 적
립식 투자를 할 수 있습니다.

Step 1

메뉴 ⋯ 매매 ⋯ 국내주식 ⋯ 다양한
주문 ⋯ ETF/주식 정기투자

Step 2

국내지수 ETF를 선택합니다.

Step 3

투자를 희망하는 ETF를 선택합
니다.

국내지수	국내테마	해외투자	원자재
종목명		월간 등락률 ⇕	당일 거래량 ⇕
KODEX 200		-4.63%	39,410
KOSEF 200		-4.49%	39,480
KOSEF KRX100		-5.14%	6,210
TIGER 200		-4.64%	39,450
KINDEX 200		-4.59%	39,580
TREX 200		-4.67%	40,230
ARIRANG 코스피50		-4.58%	27,270
파워 코스피100		-4.92%	30,240
KBSTAR 200		-4.62%	39,505
ARIRANG 200		-4.68%	39,960
파워 200		-4.72%	40,475
KOSEF 코스피100		-4.50%	29,725
KODEX MSCI Korea		-5.22%	18,290
마이티 코스피100		-4.81%	29,880
KTOP 코스피50		-4.05%	27,605
KODEX 코스피		-4.23%	30,310

Step 4

정기 투자할 계좌를 선택하고 투자 금액 또는 수량 등 조건을 입력합니다.

Step 5

조건 확인 후 정기투자를 신청합니다.

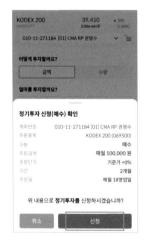

5. 해외 ETF 적립식 매매

신한금융투자에서 제공하는 '플랜yes' 서비스를 통해 해외ETF도 적립식으로 매매할 수 있습니다.

Step 1

매매 ⋯ 해외주식 ⋯ 해외주식 간편투자 ⋯ 플랜yes 해외주식 가입

Step 2

일반종목(ETF포함) 가입 버튼을 누릅니다.

플랜yes해외주식 서비스를 가입할 계좌를 선택합니다.

Step 4

종목(해외 개별 주식 또는 ETF), 금액, 적립기간, 일자 등 조건을 입력합니다.

Step 5

약관 및 유의사항 안내 확인 후 최종 가입

294

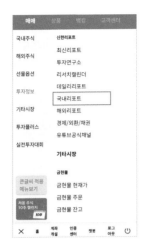

6. 유용한 투자 정보 확인하기

신한금융투자에서 투자자들을 위해 다양한 국내기업 리포트와 자료를 제공합니다.

Step 1

메뉴 ⋯ 매매 ⋯ 투자정보 ⋯ 신한리포트 ⋯ 국내리포트

Step 2

개별 종목 리포트 또는 업종 리포트를 확인해 투자에 활용합니다.

7. 투자연구소

일반적으로 증권사에서 제공하는 리포트는 어려운 전문용어가 많아 고객에게는 다소 어려울 수 있습니다. 그래서 신한금융투자는 전문 리포트를 고객 눈높이에 맞추어 일상언어 형식으로 재구성했습니다. 투자정보에 대한 진입장벽을 낮추고 자료를 시각화함으로 새로운 고객 경험을 제공합니다.

Step 1

메뉴 ···▶ 매매 ···▶ 투자정보 ···▶ 신한리포트 ···▶ 투자연구소

Step 2

포스트 확인 후 투자에 활용합니다.

맺음말:
십년을 앞서가는 투자, 시간과 함께 투자하기

여기까지 긴 글 읽으시느라 정말 수고 많으셨습니다. 투자의 세계는 방대하기 때문에, 투자 지식과 관련 제도를 미리 알고 시작한다면 그 방법과 방향성을 설정하는 것이 훨씬 수월합니다. 처음부터 어디에 어떻게 투자해야 하는지 안다면 시행착오를 줄이고 더 빨리 목표에 도달할 수 있을 것입니다.

특히 이제 막 사회생활을 시작한 분들은 가장 많은 혜택을 볼 수 있습니다. 시간이 가장 큰 무기인 2030세대의 투자지평은 매우 길기 때문에, 그만큼 자본을 차근차근 잘 쌓아갈 수 있습니다. 이 책의 내용이 여러분의 재무목표를 달성하는데, 또 그 노력과 시간을 줄이는데 도움이 되었기를 간절히 바랍니다. 마지막으로 이 책에서 꼭 유념해야 할 내용들과 책을 덮기 전 체크리스트를 정리해봤습니다.

1) 투자는 최대한 빨리 시작

시간을 최대한 나의 편으로 삼는 방법은 매우 간단합니다. 지금 당장 저축부터 시작하면 됩니다! 원금을 차곡차곡 모으는 습관을 기르시고, 긴 투자지평을 잘 활용하는 사람의 노후는 매우 안정적일 것이라 믿어 의심치 않습니다.

1,000만원으로 시작해 몇 억원을 벌었거나, 특별한 투자방법으로 조기은퇴자가 됐다는 이야기를 언론에서 쉽게 접할 수 있습니다. 그런 얘기를 나누는 것은 조금 무책임하다는 생각이 듭니다. 결국 그들은 레버리지, 소수 종목 집중 투자, 그리고 좋은 타이밍으로 부를 이룩했기 때문입니다. 만약 100명이 인터뷰에서 소개된 전략을 따라 하면 어떻게 될까요? 소수는 성공할지 몰라도 아마 대부분의 사람들은 큰 돈을 잃을 것입니다. 저축과 투자를 최대한 빨리 시작하고 적당한 수익률을 추구하는 것이 가장 안전하다고 생각합니다.

2) 적절한 위험자산 투자, 변동성 감내, 그리고 장기 투자

아무리 변동성이 높은 자산이라도 결국 기대되는 수익률, 또는 평균으로 회귀하게 되어 있습니다. 성적이 들쑥날쑥한 학생이라도 여러 번 시험을 칠 기회를 주면 결국에는 평균 점수에 도달합니다. 투자도 마찬가지입니다. 계속해서 시장에서 포지션을 유지해야 높은 변동성을 이겨내 유의미한 성과를 낼 것입니다. 많은 투자의 대가들이 장기투자를 강조하는 이유도 이 때문입니다.

3) 조급한 투자 방지

우리의 투자지평이 수십년이라는 것을 머리와 가슴으로 받아들였다면, 투자에 있어 많은 실수들을 방지할 수 있습니다. 흔히 범하는 실수는 이미 많이 오른 종목이나 뜨거운 이슈가 되는 종목을 추격 매수하는 것입니다. 뉴스에 오르고 많은 이들이 이야기하고 있는 종목들은 이미 많이 올라 고평가된 상태일 확률이 높습니다. 그리고 나만 소외되는 것 같은 공포 때문에 추가 조사 없이 뛰어드는 경우가 많습니다. 다시 강조하지만, 60년 이상 투자 활동을 이어 나가야 하는데 어쩌다가 괜찮은 한 종목 놓치는 것은 정말 아무것도 아닙니다. 천천히 더 좋은 종목들을 찾아 나가면 되니까요.

4) 레버리지의 올바른 활용

레버리지 투자, 즉 돈을 빌려 투자하는 행위는 항상 논쟁거리입니다. 빠른 부를 축적하기 위해서 전략적으로 잘 활용해야 한다는 주장도 있고, 절대해서 안된다는 입장도 있습니다. 결론부터 이야기하면 정답은 없습니다. 사용하기 나름이니까요. 그러나 해서는 안되는 레버리지 투자는 있습니다. 바로 과도한 레버리지입니다. 뻔하고 추상적인 이야기이지만, 과도한 레버리지는 오히려 투자 지평을 제한하기 때문에 경계해야 합니다.

예를 들어 주택담보대출은 담보가 있으니 30년 이후 상환 가능하지만, 신용대출은 만기가 1~5년으로 상대적으로 짧습니다. 하지만 신용대출로 투자할 기회를 1번~2번으로 제한하는 것은 투자지평을 제한하는 것이나 마찬가지입니다. 기회가 줄어들게 되면 자연스레 변동성에 취약해집니다. 성공한다면 물론 다행이지만 그렇지 않을 경우의 파괴력은 배가 됩니다.

5) 계획과 적절한 절세 계좌 사용

사회초년생은 시간이 많으니 투자를 미루는 분들이 있습니다. 저는 이것을 '시간에 속는 것'이라고 생각합니다. 시간의 여유에 속지 말고 투자를 미루지 말아야 합니다. 이것이 어렵다면 아예 행동에 제약을 걸어서 소비를 줄이고 투자를 집행하는 방법이 있습니다. 대표적인 방법으로 통장을 나누고, 자동이체 기능을 활용하는 것이지요.

이렇게 투자 계획을 수립했다면, 절세계좌를 사용 안 할 이유가 없습니다. 세제혜택을 받기 위해 무리하게 납입하지 마시고, 본인의 재무상황을 잘 고려해서 절세계좌를 사용해야합니다. 다만 절세혜택을 받기 위해 투자한다는 마음보다는, 어차피 투자할 테니 절세계좌를 이용하자는 생각을 갖는 것이 바람직합니다. 예를 들어, 매년 1,000만원을 저축할 계획이면, 1,000만원 전액 일반 종합계좌에서 투자를 하는 것보다 IRP, ISA계좌를 이용해서 세액공제 혜택과 절세혜택을 이용하길 바랍니다.

6) 본업과 부업의 조화

마지막으로 드리고 싶은 이야기는 투자를 마라톤처

럼 하기 위한 방법입니다. 본업에 좋지 않은 영향을 최대한 주지 않는 방향으로 투자하는 방법을 찾아야 길게 투자할 수 있습니다. 우리의 투자지평은 60년 이상입니다. 60년간 매일매일 주식 호가창만 본다면 얼마나 큰 스트레스가 될까요? 그리고 그 시간에 인생에 놓치는 것들이 얼마나 많을까요? 장기적으로 과도한 스트레스를 유발하지 않는 투자야말로 즐거우면서도 좋은 투자방법입니다.

그 방법 중 하나는 액티브 투자가 아닌 패시브 투자를 하는 것입니다. 물론, 액티브하게 투자해서 높은 초과수익률을 달성하는 분들은 항상 계십니다. 그러나 대부분의 사람들에게 시장을 이기는 것은 매우 어려운 일입니다. 그러니 주식투자만 하셨던 분들이 계시다면, 자산배분펀드나 ETF에 투자하는 방법도 고려하셨으면 좋겠습니다.

처음 재테크

초판 인쇄 2022년 5월 3일
초판 발행 2022년 5월 17일

지은이 권영수
감수 신한금융투자
펴낸이 김승욱
편집 김승욱 심재헌 박영서
디자인 조아름
본문 일러스트 김선미
마케팅 채진아 황승현
브랜딩 함유지 함근아 김희숙 정승민
제작 강신은 김동욱 임현식
펴낸곳 이콘출판(주)
출판등록 2003년 3월 12일 제406-2003-059호
주소 10881 경기도 파주시 회동길 455-3
전자우편 book@econbook.com
전화 031-8071-8677(편집부) 031-8071-8673(마케팅부)
팩스 031-8071-8672

ISBN 979-11-89318-32-1 03320